아무도 몰랐던 인천대학교 혁신 이야기 Ⅱ

대학을 버려야 대학이 산다

조동성 외
인천대학교 가족 178명 지음

아무도 몰랐던 인천대학교 혁신 이야기 II

대학을 버려야 대학이 산다

조동성 외
인천대학교 가족 178명 지음

인천대학교가 진행한 18가지 혁신 프로젝트

한빛아카데미
Hanbit Academy, Inc.

대학을 버려야 대학이 산다

초판발행 2020년 7월 25일

지은이 조동성 외 인천대학교 가족 178명 / **펴낸이** 전태호
펴낸곳 한빛아카데미㈜ / **주소** 서울시 서대문구 연희로2길 62 한빛아카데미㈜ 2층
전화 02-336-7112 / **팩스** 02-336-7199
등록 2013년 1월 14일 제2017-000063호 / **ISBN** 979-11-5664-501-6 03370

책임편집 김현용 / **편집** 권오상
디자인 다람쥐 생활 / **전산편집** 다람쥐 생활 / **제작** 박성우, 김정우
영업 이윤형, 길진철, 김태진, 김성삼, 이정훈, 임현기, 이성훈, 김주성 / **영업기획** 김호철, 주희

이 책에 대한 의견이나 오탈자 및 잘못된 내용에 대한 수정 정보는 아래 이메일로 알려주십시오.
잘못된 책은 구입하신 서점에서 교환해 드립니다. 책값은 뒤표지에 표시되어 있습니다.

홈페이지 www.hanbit.co.kr / **이메일** question@hanbit.co.kr

Published by HANBIT Academy, Inc. Printed in Korea
Copyright © 2020 조동성 외 인천대학교 가족 178명 & HANBIT Academy, Inc.
이 책의 저작권은 조동성 외 인천대학교 가족 178명과 한빛아카데미㈜에 있습니다.
저작권법에 의해 보호를 받는 저작물이므로 무단 복제 및 무단 전재를 금합니다.

지금 하지 않으면 할 수 없는 일이 있습니다.
책으로 펴내고 싶은 아이디어나 원고를 메일(writer@hanbit.co.kr)로 보내주세요.
한빛아카데미㈜는 여러분의 소중한 경험과 지식을 기다리고 있습니다.

사례작성자

강상미, 강현철, 권기태, 김광열, 김성호, 김정완, 김주일, 문광선, 박경민, 박미선, 박선민, 박신향, 박제훈, 박종윤, 방동인, 성지희, 송민근, 신경욱, 신미옥, 신지연, 안효진, 안희수, 원인혜, 유신, 윤정아, 이근우, 이다예, 이민섭, 이용화, 이태룡, 정유진, 정주연, 조동성, 조형진, 최준영, 최형우, 한종민, 황재휘

혁신사례 실행을 위해 참여한 구성원

AtsuhitoOshima, KaruppiahElangovan, 가미무라나야카, 강동구, 강상미, 강상혁, 강세리, 강현철, 강희찬, 고덕봉, 고명임, 고종철, 공정애, 곽다희, 구선희, 권기영, 권기태, 권순범, 권오중, 권혁준, 권형욱, 김경원, 김경집, 김관호, 김광열, 김길원, 김남희, 김병주, 김부용, 김상림, 김성호, 김연정, 김영주, 김용민, 김용식, 김우일, 김우혁, 김웅, 김유연, 김재곤, 김정연, 김정완, 김정은, 김주일, 김지환, 김진호, 김태성, 김학준, 김현우, 김호, 김홍섭, 김환식, 김훈, 나연중, 나인수, 나카무라유리, 남상욱, 노영돈, 마르코스, 문광선, 문미란, 민트코코, 박경민, 박동삼, 박미선, 박선민, 박시우, 박신향, 박요한, 박일충, 박정연, 박제훈, 박종도, 박종석, 박종윤, 박주문, 박형순, 방동인, 백종숙, 서명지, 서진완, 성지희, 손승희, 손하연, 송명진, 송민근, 송상화, 송승석, 송원용, 신경욱, 신미옥, 신상철, 신유아, 신은기, 신은철, 신지연, 심주형, 안영효, 안재균, 안치영, 안효진, 안희수, 양운근, 여운호, 옥우석, 왕린, 우신영, 원인혜, 유신, 유우현, 유혜배, 윤기준, 윤정아, 이갑영, 이근우, 이기영, 이다예, 이도균, 이민섭, 이민철, 이상준, 이영애, 이용화, 이윤옥, 이자연, 이재성, 이정희, 이찬근, 이태룡, 이학금, 이현태, 이호철, 이희관, 임병미, 임송희, 임승빈, 장정아, 장해선, 전경구, 전병준, 정승호, 정유진, 정은주, 정종태, 정주연, 정진영, 정채관, 정태유, 제임스레이몬드, 조동성, 조명순, 조봉래, 조지민, 조천순, 조형진, 주승현, 채준형, 최금옥, 최병길, 최오수, 최용규, 최용식, 최은희, 최재혁, 최준영, 최현석, 최형우, 한종민, 함남우, 허종완, 허진, 홍기용, 홍윤식, 홍진배, 황광일, 황병희, 황선영, 황재휘, 황지은

들어가며

"혁신 프로젝트는 제품일까요 부품일까요?"

"휴대폰에는 부품이 7천여 개 들어있다고 합니다. 부품 하나하나가 휴대폰이 가진 다양한 기능 중 하나의 기능을 발휘하는 것이 아니라, 부품 7천여 개를 정교하게 설계하고 조립해서 사전에 정해진 순서에 따라 작동을 할 때 휴대폰이 가진 기능을 발휘하게 됩니다.

혁신도 마찬가지입니다. 혁신 프로젝트가 제품이라면 혁신 프로젝트 하나를 실행했을 때 하나의 효과가 나와야 합니다. 반면 부품이라면 프로젝트 하나가 하나의 특정 효과를 내는 것이 아니라 여러 가지 프로젝트를 체계적으로 만들고 적절한 순서에 따라 실행할 때 원하는 기능을 발휘하는 효과가 날 것입니다.

혁신 프로젝트는 제품이 아니라 부품입니다.

혁신에는 돈이 들까요, 안 들까요?

혁신을 실행하기 위해 지속적으로 돈이 든다면 하책下策이고, 돈이 들지 않으면 중책中策, 돈을 벌고 비용이 절약된다면 상책上策입니다. 돈이 없다고 해서 혁신을 포기할 것이 아니라, 돈을 버는 혁신을 추구하면 됩니다."

윗글은 이 책의 공저자 중 한 명인 제가 서울대 경영대학 교수로 있었던 1978년부터 2014년까지 36년 동안 가르쳤던 과목 중 하나인 '혁신경영' 강의실에서 학생들에게 강의했던 내용이었습니다. 그런데 당시에는 이 얘기를 해놓고도, 이에 맞는 적절한 사례를 찾지 못해서 구체적인 설명을 하지 못한 채 얼른 다음 주제로 넘어가곤 했습니다.

지난 4년간 인천대에서 여러 교수님, 직원 선생님, 조교 선생님들과 함께 개발하고, 적용하고, 그 효과를 평가하면서 경험한 76가지 혁신 프로젝트는 큰 배움을 주었습니다. 혁신 프로젝트가 제품이 아니라 부품이라는 것을 현실에서 깨달았습니다.

이 책은 다양한 혁신 프로젝트들이 서로 어울려 하나의 커다란 효과를 내는 과정을 설명하기 위해서 만들었습니다. 이 설명을 위해서 세 가지 주제를 선정했습니다. 첫째는 "현장 중심 경영을 위한 혁신 프로젝트의 조합과 순열"이고, 둘째는 "투명성을 위한 혁신 프로젝트의 조합과 순열"이며, 셋째는 "캠퍼스 국제화를 위한 혁신 프로젝트의 조합과 순열"입니다. 현장 중심 경영을 위하여 10가지 혁신 프로젝트, 투명성을 위해 4가지 혁신 프로젝트, 그리고 캠퍼스 국제화를 위해 8가지 혁신 프로젝트가 조합과 순열에 의해 진행된 내용을 설명해드리겠습니다.

혁신 프로젝트는 성격에 따라 다음 그림과 같이 6가지 범주로 나눌 수 있습니다. 그것은 가치관, 문화, 주체, 접근방법, 목적 그리고 상징입니다. 이중 가치관과 문화가 조직의 인프라라면, 점선으로 된 네모상자 안에 있는 주체, 접근방법, 목적, 상징은 인프라 위에서 일어나는 구체적인 행위입니다.

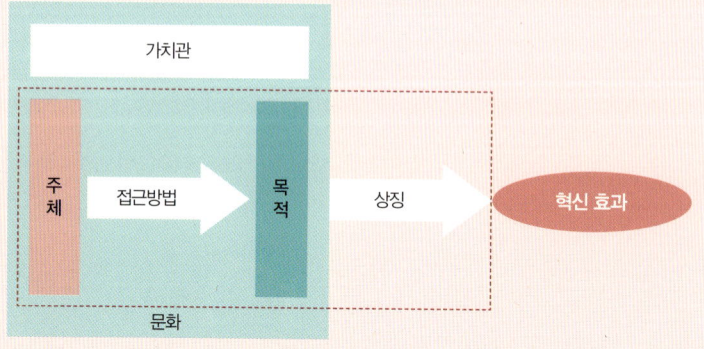

사람들은 여러 가지가 한데 어울려 하나로 합쳐지는 과정을 '융합 convergence'이라는 물리학 용어로 설명합니다. 물리학의 출발점인 수학에서는 융합이라는 결과를 일으키는 방법을 "조합과 순열 combination and permutation"로 표현합니다. 이 용어는 우리나라 고등학교 수학책에 필수적으로 나오는 기초 개념입니다. 이 책에서는 여러 혁신 프로젝트를 체계적으로 만드는 것을 조합, 만들어진 프로젝트들을 적절한 순서에 따라 실행하는 것을 순열이라는 개념으로 설명하겠습니다.

가치관과 문화로 이루어진 인프라와, 주체, 접근방법, 목적, 상징으로 이루어진 구체적인 프로그램을 조화롭게 준비해야 합니다. 이것이 조합입니다. 그리고 먼저 인프라 혁신으로 혁신 프로그램을 실행하기 위한 플랫폼을 만든 다음, 구체적인 혁신 프로그램을 행동에 옮겨야 합니다. 이것이 순열입니다."

✳✳✳

이 책은 지난 겨울(2020년 1월) 출간된 "대학이 혁신해야 나라가 산다: 재미있는 국립인천대학교 혁신 이야기 I"에 이어 두 번째로 나오게 되었습니다. 첫 책은 인천대가 지난 4년간 진행해온 76가지 혁신 프로젝트 중 19개를 소개했고, 이번 책은 18개를 추가로 소개합니다. 다만 앞에서 설명한 대로 이 책은 개별 사례를 조합하고 순열에 의해 실행하는 데 초점을 두고 있습니다. 따라서 1부는 종합사례 3개, 2부는 개별사례 15개를 배치했습니다.

이 책의 부제는 "아무도 몰랐던 인천대 혁신 이야기 II"로 해서 첫 책과 연계시키되, 주제는 "대학을 버려야 대학이 산다"라고 정했습니다. 기존 대학의 관행에 대한 미련을 버려야 새로운 시대에 맞는 대학으로 살아난다는 뜻입니다.

우리 공저자들이 이 책을 만드는 과정에서 많은 분께서 도움을 주셨습니다. 안희수 선생님은 이 책에 실린 18개 사례를 수집하고 편집하는 작업과 출판사와 공저자들 사이에 일어나는 수많은 일을 감당하셨습니다. 황재휘 비서실장님, 박종윤, 신경욱 선생님은 안희수 선생님 곁에서 궂은일을 마다치 않고 도와주셨습니다. 기획예산과의 최현석 선생님은 수많은 저자와 출판사 간의 복잡한 계약과정을 담당하여 저자들이 원고 작성에 집중할 수 있게 해 주셨습니다. 김창희 교수님은 경영학 수업과 연구로 바쁜 시간 속에서도 인천대 대학출판부장님으로서 이 책의 완성도를 높일 수 있도록 최종 감수를 진행해 주셨습니다. 한빛아카데미 전태호 대표님과 출판사 직원 선생님들은 시간이 촉박한 가운데에서도 대한민국 제1의 출판사를 일궈 내신 전문성을 발휘해서 멋진 작품을 만들어 주셨습니다. 이 모든 작업을 영화감

독처럼 치밀하게 진행해주신 정유진 출판문화원장님께 감사드립니다. 그 외에도 혁신사례를 작성해주신, 인천대학교 혁신을 실현해가시고 있는 현장의 모든 구성원께 감사드립니다.

독자께서 이 책을 통해 인천대에서 일어난 혁신을 간접적으로 경험하신 다음, 이를 벤치마크로, 또는 타산지석으로 해서 본인이 맡고 있거나 소속된 조직의 혁신을 추구하시기를 우리 공저자들은 손 모아 기원합니다. 여러분이 이 책을 읽는 과정에서 궁금증이 생기거나 직접 혁신을 하시는 과정에서 새로운 아이디어가 떠오르시면, 주저 말고 연락해주시기 바랍니다. 전자의 경우에는 이 책에 미처 담지 못한 말씀을 드리겠고, 후자의 경우에는 여러분으로부터 큰 배움을 얻고 싶습니다. 고맙습니다.

2020년 7월
서해바다를 황금빛으로 물들이는 낙조를 바라보며…
조 동 성

차례

들어가며 • 4

1부 | 종합사례

#종합 혁신 #세계 최초
현장 중심 경영을 위한 혁신 프로젝트의 조합과 순열 • 16

#종합 혁신 #세계 최초
투명성을 위한 혁신 프로젝트의 조합과 순열 • 35

#종합 혁신 #세계 최초
캠퍼스 국제화를 위한 혁신 프로젝트의 조합과 순열 • 46

2부 | 개별사례

#가치관의 혁신 #국내 최초
민족대학의 소명, 독립유공자 발굴 • 66

#주체의 혁신 #국내 최초
대학혁신을 주도하는 주체를 넓히다 • 73

차례

#연구의 혁신 #세계 최초
국립 인천대학교 바이오융합 연구 • 79

#연구의 혁신 #국내 두 번째
인천시민 만 명 유전체 프로젝트 • 88

#연구의 혁신 #세계 최초
통일통합(Unification & intergration)연구 • 97

#연구의 혁신 #세계 최초
다양한 학문이 융합되는 중국 일대일로 통합연구 • 107

#연구의 혁신 #학내 최초
기후환경 국제협력 연구클러스터 • 116

#연구의 혁신 #국내 최초
스마트시티 국제 심포지엄 개최 및 연구 교류 세미나 • 125

#연구의 혁신 #학내 최초
INU 연구클러스터 조성사업(빅데이터 실증 연구클러스터) • 144

#교육의 혁신 #학내 최초
필독교양도서 읽기 • 153

#교육의 혁신 #학내 최초
새로운 산업혁명의 시대,
우리는 어떻게 우리의 학생들을 도울 것인가? • 158

#교육의 혁신 #국내 최초
신규 인천대학교 편입학전형 창업경력자 우대 • 168

#행정의 혁신 #국내 최초
청렴에서 시작한 사업을 혁신으로 세운 대학 MRO 사업 • 177

#행정의 혁신 #국내 최초
문서의 한글, 영문 병기로 대학의 글로벌 경쟁력 강화 • 202

#상징의 혁신 #국내 최초
글로벌아시아 · 창업 · IT 도서관 건립 • 206

Innovation project

01 현장 중심 경영을 위한 혁신 프로젝트의 조합과 순열

02 투명성을 위한 혁신 프로젝트의 조합과 순열

03 캠퍼스 국제화를 위한 혁신 프로젝트의 조합과 순열

인천대학교 혁신 프로젝트

종합사례

현장 중심 경영을 위한
혁신 프로젝트의 조합과 순열

#종합 혁신 #세계 최초

"저는 현장 경영을 강조합니다. 경영자가 경영문제에 봉착했을 때, 경영학자나 경영 컨설턴트를 부르는 것은 해악이 될 가능성이 큽니다. 이때 경영자는 현장을 찾아가야 합니다. 시장에 가서 제품을 사보고, 소비자를 직접 만나야 합니다. 왜냐하면, 기업에서 부가가치를 창출하는, 쉽게 얘기해서 기업에 돈을 벌어주는 사람은 소비자를 현장에서 만나는 사람, 특히 영업직 직원 선생님이기 때문입니다.

마찬가지로 대학에서도 가장 중요한 분은 학생들을 직접 가르쳐 주시는 교수님, 그리고 교수님들을 도와드리면서 학생들을 직접 만나는 현장에 계시는 직원 선생님입니다. 총장, 부총장, 학처장, 본부에 있는 직원 선생님은 교수님과 현장의 직원 선생님을 도와주시는 간접적인 인력입니다.

대학이 바람직하지 않은 현재에서 원하는 미래로 건너가는 다리를 건너는 작업을 '변화', 조금 더 거창하게 표현하면 '혁신'이라고 부릅니다. 변화, 그리고 혁신은 간접적인 역할을 하는 사람들이 아니라 현장에서 실무를 다루는 분들이 이끌어야 합니다. 혁신이야말로 현장이 주도해야 합니다.

원하는 미래를 만들기 위해 집행부가 일방적으로 혁신 아이디어를 짜고, 이를 실무진에게 알리는 하향식Top-down 은 성공하기 어렵습니다. 실무진이 원하는 방향을 스스로 찾아낸 길에 따라 움직일 때 성과가 날 수 있습니다.

현장에 답이 있습니다. 현장이 중요합니다. 현장에 계신 분이 리더가 되어야 합니다." 조동성 총장이 인천대 구성원들에게 가장 많이 전파한 말 중 하나이다. 그는 항상 '현장'을 중심에 두고 모든 일을 생각하고 진행해야 한다고 강조했다.

"기업 경영도 21세기에 들어와 크게 바뀌었습니다. 위에 있는 최고경영자가 아니라, 기업 현장에서 기업의 성패에 따라 일희일비를 하는 임직원, 고객, 원자재 공급자와 같은 이해관계자들이 이끌어가야 합니다.

학교도 본부가 아니라, 학생, 교수님, 직원 선생님, 조교 선생님, 미화 선생님, 경비 선생님, 조경 선생님들이 이끌어 가는 것이 원칙입니다. 인천대의 교육과 연구 현장에 계신 분들은 국립인천대학교의 주인인 국가와 국민이 원하는 방향으로 대학을 이끌고 나가는 머슴이고, 본부에 계신 분들은 머슴의 머슴입니다. 저 역시 국민의 머슴인 여러분들의 머슴, 즉, '머슴의 머슴'입니다.

인천대학의 새로운 미래를 위해서는 대학 가치사슬의 최전선에서 활동하는 다양한 현장 실무자들의 발언을 경청하고, 이들과 소통하며, 이들이 의

사결정 과정에 참여할 수 있도록 하는 혁신적인 지배구조가 수립되어야 합니다. 또 그 노력의 성과와 과실을 다시 이해관계자에게 투명하게 보고하고 소통해 개선과 혁신을 강화하는 대학의 선순환을 갖춰야 합니다.

혁신革新은 한자 뜻 그대로, 가죽을 벗기는 듯한 고통을 감수하고 새롭게 하는 것입니다. 이런 고통을 반길 바람은 아무도 없습니다. 일상적인 현장 업무들만으로도 힘든 직원 선생님들에게 혁신 업무를 맡기면 반발이 생기는 게 당연합니다. 이때 무리하게 일방적으로 밀어붙이면 절대 안 됩니다. 실무진 스스로 혁신이 필요하다고 공감하고 아이디어를 자유롭게 낼 수 있도록 환경을 조성하고 때를 기다려야 합니다."

조동성 총장의 이러한 철학은 어떻게 인천대학교에 녹아들었을까?

혁신마인드의 마중물, 존댓말 운동

"자유로운 아이디어를 제시할 수 있는 환경을 위해 교내의 호칭 문화부터 바꾸었습니다. 신입 직원 선생님, 나이가 어린 직원 선생님에게 무의식적, 혹은 의식적으로 사용하는 선임자의 하대어는 수직적 서열 의식과 권위주의를 강화하기 마련입니다. 서열주의가 강한 한국 조직, 특히 대학교의 특성상, 행정부서 내에서 팀장이 직원 선생님에게 반말을 하는 경우가 있었습니다. 특히나 팀장, 과장들이 나이가 어린 신입 직원 선생님들에게 하대하는 경우가 많았습니다. 나이, 직급이 높은 사람들의 권위에 복종하는 권위주의 조직은 소속 구성원들이 질문하고, 새로운 아이디어를 제시하고, 그것을 실현해나가는데 장애물이 됩니다.

때문에 인천대의 문화를 보다 수평적이고 민주적으로 변화시키는 첫걸음은, 구성원의 생활 속에서 '선생님'이라는 호칭의 통일화, 그리고 존댓말 쓰기 운동을 시작하는 것이었습니다. 모든 구성원에게 선생님 호칭을 붙이기 운동을 시작했습니다. 공식 서류에서도 직원이라는 단어에 선생님을 붙여서 '직원 선생님'으로 통일했습니다."

조동성 총장은 학생들과 매달 한 번 이상 만나서 대화했고, 일선 현장에 계시는 미화, 경비, 조경 선생님들과도 식사 자리를 가졌다. 현장 직원 선생님들은 "총장과 식사하는 자리를 평생 처음 가진다."라며, "마음속에 대학 구성원으로서 자부심이 자라난다."라고 했다. 조동성 총장은 "여러분과 식사를 하는 것은 오히려 제가 감사해야 할 일입니다. 이렇게 늦게 여러분을 만난 것이 오히려 저의 잘못입니다."라고 대답했다.

조직도를 180도 돌려서 현장을 혁신리더로 위상 확립

인천대는 존댓말 문화 정착에 이어 기존의 하향식 조직도를 180도 돌려서 상향식으로 제작하고 전 구성원에게 배포했다. 새 조직도에는 총장이 제일 아래에 있고, 그 위에 부총장, 학장과 처장, 과장과 팀장, 과팀원 순서로 배치되어 있다〈그림 1〉. 현장 업무를 하는 직원 선생님과 조교 선생님들이 역피라미드 모양의 조직 제일 위에 배치됨으로써 자긍심을 가질 수 있도록 한 것이다. 전통적인 조직도에 의하면, 정점에 있는 총장에서 시작해서 본부 단과대학까지 밑으로 내려가는 틀 속에서 상대적으로 위에 있는 대학본부는 아래에 있는 현장에 대하여 기획을 하고 그것을 구현하는 역할을 한다. 인천대학교의 새로운 조직도에 의하면, 밑에 있는 대학본부는 위에 있는 현장이 새로운 시도에 대한 위험부담을 느낄 때 이를 분담하고, 실패하면 감싸주고, 실수하면 해결해주는 플랫폼이다. 구성원들이 법과 규정을 위반하지 않는 한, 법규가 허용하는 재량권 범위 내에서 실패와 실수를 하더라도, 본부는 이를 책임지고 해결해줌으로써 구성원들의 자율적인 혁신과 변화를 이끌어내는 역할을 담당한다. 황선영 선생님은 "인천대학교의 유관기관이나 외빈들이 조직도를 보면서 놀라워하시는 경우가 많았습니다. 상명하복식 관계를 뒤집은 조직문화의 일례로서 인천대학교의 혁신적인 문화를 보여주는 상징이 되었습니다."라며 변화된 조직도를 자신 있게 설명했다.

인천대는 대학의 혁신마인드를 조직도에 담았다. 여기에서 한 걸음 더 나아가 단과대학과 학과로 구성된 현장 위에 인천대 학생 15,000여 명을 나타내는 청색 띠를 얹고, 그 위에 5천만 한국인과 77억 세계인을 나타내는 황색 띠를 얹었다.

이 조직도는 국립인천대학교의 지배구조를 상징적으로 보여준다. 즉 학생들은 물론이고 교수와 직원 선생님, 조교 선생님으로 구성된 대학 구성원들이 일차적으로는 학생들, 궁극적으로는 대학의 주인인 대한민국 국민, 더 나아가 세계인들을 위해 봉사하는 대학에서 근무하고 있다는 것을 일깨워주고 있다. 비서실에서 근로학생으로 일하고 있는 권순범 학생은 "처음 사무실에서 조직도를 보았을 때, 형식이 특이해서 두 번 세 번 살펴보았던 적이 있습니다. 인천대학교 학생이 조직도 상위에 있는 것을 보고 교수님과

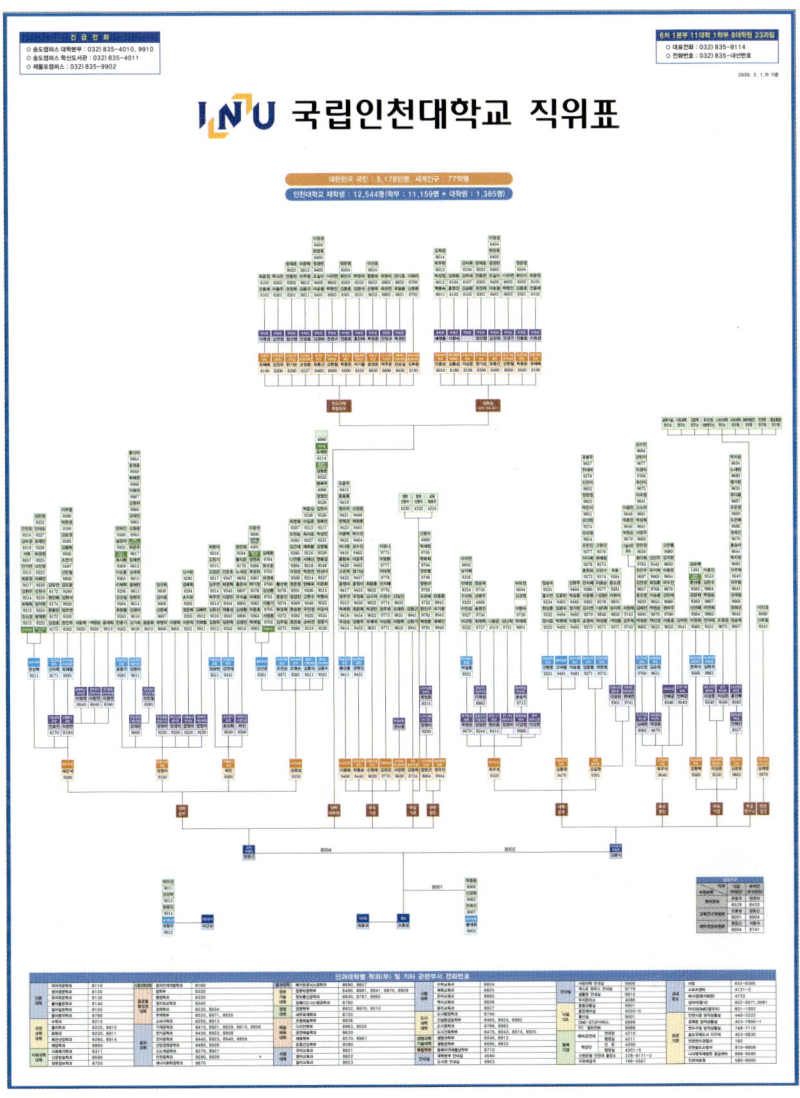

그림 1 인천대학교 조직도

직원 선생님, 조교 선생님들이 학생을 위해 봉사하는 대학이란 걸 느끼며 제가 이 학교에 다니고 있다는 사실이 한층 더 자랑스럽게 다가왔습니다." 라고 긍정적인 반응을 보였다.

직원 석박사 학위 취득을 위한 90% 장학금 지원

다음 프로젝트는 '직원 선생님들이 석사과정, 박사과정에서 공부하도록 지원해드리는 혁신 프로젝트'이다. 인천대는 2017년 3월 인천대학교 전 직원 선생님과 조교 선생님을 대상으로 석·박사학위 취득을 위한 90% 장학금 지원제도를 도입했다. 인천대 석박사 학위과정에 입학하는 직원/조교 선생님은 3.5점 이상 학점을 유지하는 한 등록금의 10%만 내면 된다. 이 제도는 평생학습시대를 맞아 대학 구성원의 행복권을 높이는 동시에, 구성원들이 끊임없이 배우면서 인천대가 학습조직 learning organization 으로 변하는 계기를 만들었다.

이 제도에 참여하여 공부를 시작한 직원 선생님과 조교 선생님들에게 어려움이 생겼다. 특수대학원 과정에 입학한 학생들은 퇴근 후 저녁 시간에 수업을 하게 되어 문제가 없었지만, 일반대학원에 입학한 학생들은 근무시간에 수업을 듣게 된 것이다. 이 문제를 알게 된 조동성 총장은 "어차피 우리 직원 선생님과 조교 선생님들은 일주일에 법으로 정한 초과근무 12시간을 모두 하시는 분들입니다. 그렇다면 근무시간과 수업시간이 겹치는 경우 12시간까지는 수업을 들어도 40시간의 근무시간을 채우는 데에는 아무런 문제가 없지 않겠습니까?"라면서 이를 위한 유연근무 제도를 도입했다.

직원/조교 선생님 석·박사 학위취득 지원제도는 2017년 3월에 7명의 신입생으로 시작하여 2020년 6월 기준 자격자 350여 명 중 59명에 달했고, 16명의 졸업생(수료자 포함)을 배출했다. 2020년 1학기부터 황재휘 비서실장과 함께 경영대학원을 다니고 있는 신경욱 선생님은 "인천대학교 경영학부 졸업생으로서 학업의 기회를 다시 얻어 석사학위까지 공부할 수 있어서 직장 만족도가 한층 높아진 느낌입니다. 때로는 업무와 공부를 병행하는 것이 피곤하지만, 배움의 기회를 놓치지 않고 끊임없이 도전하여 조직 발전에 기여하고 싶습니다." 이러한 학업에 대한 열정은 부서 내 다른 선생님들에게도 영향을 미쳤고, 2020년 2학기에 같은 사무실에 근무하는 안희수, 박종윤 선생님 모두 대학원 진학을 희망했다.

예산 배정권을 현장으로 위임

인천대는 2017년까지 본부가 독점하던 '예산 배정권'을 각 대학, 각 학과로 위양했다. 이제는 현장에서 주도적으로 예산을 사용하기 위한 아이디어를 내고 이를 프로젝트로 만든다. 이 결과 현장 실무자들이 차츰 일에 대해 흥미를 느끼게 되었다. 자신들이 개발한 프로젝트가 예산을 배정받고, 실행에 옮겨져 현실화되면서, 혁신이 가져오는 효과에 대해 긍정적 인식을 하게 되었다. 기획예산과 임승빈 과장은 "교무회의와 본부회의 등 수많은 회의를 거쳐 학내 구성원들의 동의를 얻을 수 있었습니다. 이 제도는 수요자 중심의 예산과 강의 수준 향상을 위한 노력에 중점을 두었습니다. 또한 강의의 질적 수준을 높이는 장점이 있을 것이고 다양한 교육프로그램 제공으로 학생들의 교육 역량이 향상되어 희망 진로 분야로 진출하는 데 기여할 수 있을 것입니다."라며 달라진 예산 배정권에 대해 기대감을 드러냈다.

혁신 프로젝트 보고서를 현장 실무자가 작성하여 교육부 제출

인천대는 교육부가 각 대학에서 진행되는 혁신 프로젝트를 공유 확산하기 위한 목적으로 전국 41개 국공립대학에 보낸 2018년 3월 9일 자 공문에 따라 혁신 프로젝트 72개를 정리해서 '2018 혁신 프로젝트 보고서'〈그림 2〉를 제출했고, 2019년 12월에는 76개 혁신 프로젝트가 포함된 이 보고서의 개정판〈그림 3〉을 제출했다. 교육부는 이 보고서를 가장 우수한 혁신 프로젝트 보고서로 평가하고, 인천대를 혁신 모범 대학으로 인정해주었다. 그리하여 2020년 8월에 예정된 '국공립대학 및 사립대학 혁신 토크쇼'를 위한 방문대학으로 인천대를 선정했다. 기획예산과 최현석 선생님은 "혁신 프로젝트를 통해 혁신 인천대학으로서 이미지를 구축하고 있음에 자랑스러움을 느낍니다. 나아가 곧 출간될 영문 혁신 이야기는 인천대를 해외 유수의 대학들에 홍보할 수 있는 더할 나위 없는 좋은 기회가 될 것이라 확신합니다." 최현석 선생님과 함께 혁신 프로젝트를 담당했던 국제지원팀 김정은 선생님은 "인천대 구성원들이 직접 참여하여 만들어나간 프로젝트라는 점이 상당히 고무적입니다. 이러한 점이 원동력이 되어 세계혁신대학 WURI

그림 2 인천대 혁신보고서 (2018년)   그림 3 인천대 혁신보고서 개정판 (2019년)

랭킹에서 35위라는 결과를 얻은 것이라 생각합니다."라며 혁신 프로젝트에 자부심을 드러냈다.

혁신 프로젝트 보고서를 한자대학동맹 WURI Ranking에 제출해서 세계혁신대학 중 35위로 선정

2019년 7월 인천대에서 설립 40주년 행사의 하나로 진행된 한자대학동맹Hanseatic League of Universities: HLU 제2차 총회에서 채택된 세계 혁신대학 평가제도인 'WURI World's Universities with Real Impact Ranking'이 2020년 5월에 미국 애리조나주립대학에서 개최 예정이었던 제3차 총회에서 발표될 예정이었으나 코로나19로 총회가 연기됨에 따라 별도의 온라인 컨퍼런스를 통해 발표되었다. 인천대는 WURI Ranking에서 세계 100대 대학 중 하나로 인정받기 위해 이 제도가 요구하는 혁신 사례를 개발하기로 결정했다.

인천대는 교육부에 제출한 혁신보고서에 정리된 76개 혁신 프로젝트 자료를 기초로 하여 WURI Ranking에 제출해야 할 혁신 사례를 개발했고, 각 프로젝트 보고서를 담당한 현장 실무자들은 자연스럽게 해당 사례 작성자가 되었다. 이렇게 만들어진 혁신 프로젝트 사례 70여 개 중 완성도가 높은 사례들은 WURI Ranking 사무국에 제출되었다. 이 랭킹을 공동 주최한 HLU와 유엔 교육담당기관인 United Nations Institute for Training Research^{UNITAR}은 2020년 6월 11일 발표한 제1회 WURI Ranking에서 인천대를 전체 랭킹 35위로 평가하고, '매트릭스 칼리지' 프로젝트를 산업계 적용$^{Industrial\ Application}$ 부문 16위, '공유가치창출 예산편성' 프로젝트를 윤리적 가치$^{Ethical\ Value}$ 부문 23위, '집중연구중심대학' 프로젝트를 학생교류 및 개방성$^{Student\ Exchange\ and\ Openness}$ 부문 24위로 각각 평가해주었다.

한자대학동맹 업무를 담당하면서 이번 WURI랭킹 혁신사례 제출에도 참여한 국제 지원팀 김정은 선생님은 "한자대학동맹 회의에서 기존 랭킹시스템에 대한 문제 제기와 함께 새로운 랭킹시스템에 대한 논의가 지속적으로 있었습니다. 그 결과 도입된 이번 제1회 WURI 혁신대학 랭킹에 참여하여 세계 35위 혁신대학에 선정되었습니다. 이 랭킹을 통해 인천대학교의 혁신성을 알리고 국제적 위상을 높일 수 있는 계기가 된 것 같아 매우 자랑스럽게 생각합니다."라며 이번 랭킹에서 인천대학교가 좋은 성과를 낸 것에 대해 흡족해했다.

혁신 프로젝트 사례를 단행본으로 출판하고 현장 실무자가 지식재산권 소유

WURI Ranking에 제출하기 위하여 사례로 개발된 76개 혁신 프로젝트는 현장 실무자들이 보고서로 기록하고, 본인이 저자가 되어 사례로 정리했기 때문에 당연히 지식재산권을 소유하게 되었다. 이렇게 만들어진 사례는 출판문화원에서 단행본으로 내기로 했고, 한국을 널리 알리는 저작물을 한글과 영문으로 출판해온 서울셀렉션을 통해 "대학이 혁신해야 나라가 산다: 재미있는 국립인천대학교 혁신 이야기 I"이란 제목으로 한글판을 출판했고, 2020년 1월에, "Innovation of Higher Education: Change-Makers at Incheon National University I"이란 제목으로 영문판을 2020년 6월에 각각 출판했다.

이 책은 교수와 직원 선생님으로 구성된 178명의 현장 실무자들이 공동 저자가 되었고, 책의 지식재산권이라 할 수 있는 판권을 공동소유하기로 했다. 다만 인세는 저자 전원이 인천대학교 발전기금으로 기부하기로 동의했다.

이 책의 공동 저자 중 한 명인 인력개발팀 김주일 선생님은 "처음에는 사례를 쓰려니 막막한 마음이 앞섰지만, 팀원들과 역할을 분담한 덕에 수월하게 끝냈다. 내 이름이 공저자로 인쇄된 책자가 나오면 가족과 지인들에게 내가 쓴 부분을 표시하여 나눠주고 싶다."며 이 책에 소개된 혁신 프로젝트에 대한 마음을 나타냈다. 현장 실무자들이 혁신 프로젝트에 대한 판권을 갖게 되고 인세를 받게 되니까, 혁신 프로젝트에 대한 자부심과 애착이 생긴 것이다. 혁신 프로젝트가 진정 자신의 소유물이 되고 자신은 주인이 된 것이다.

"인천대에서는 직원 선생님들이 '우리가 현장이라는 가장 중요한 곳에서 혁신을 주도하는 역할을 하는구나'라는 혁신 주체로서의 인식을 하고 계시리라 믿습니다. 혁신을 실행에 옮기는 구성원의 마음이 가장 중요합니다. 저는 '리더십'보다는 '팀워크'라는 단어를 더 중시합니다. 팀원들 스스로 아이디어를 창출하고 실행에 옮길 수 있는, 맘껏 일할 수 있는 분위기와 장을 마련해주는 역할을 하려고 노력했습니다." 조동성 총장의 말이다.

혁신 사례 프로젝트에 참여한 안희수 선생님은 "혁신사례집을 읽으면서 대학 내에서 학사, 취업 등 여러 분야를 통해 다양하게 이뤄지고 있는 것에 놀랐습니다. 혁신에 소극적이었던 선생님들도 사례집이 출간된 후에는 본인이 참여했던 프로젝트도 넣고 싶다는 문의가 있었습니다."라며 달라진 분위기를 설명했다.

공문서의 한글영어병기 업무를 책으로 출판

직원 선생님들이 자신의 역할에 자부심을 느끼고 업무에 대한 소명 의식과 책임감이 강해지면서 현장에서 응답이 들려온 대표적인 혁신 중 하나가 "INU 교직원 실무영어"이다. 대학의 국제화 열기가 뜨겁고, 유학생 유치가 사활적 과제로까지 인식되는 상황에서 교직원의 국제화 역량 또한 중요해지고 있다.

이전까지는 대학본부에서 외국어교육 프로그램을 제공하고 직원 선생님들을 교육하기 위해 주도적으로 노력했지만, 이제는 방법을 바꿔 직원 선생님들이 현장에서 더 많은 권한과 역할을 가진다. 외국인 손님들의 초청 행사 하나를 진행할 때도 대학본부 차원에서 가이드라인을 제시하지 않고, 현장에서 모든 걸 기획하고 마음껏 역량을 발휘하게 만들었다. "처음으로 주도적으로 행사에 참여하여 외국의 초청 인사들 간의 일정을 조정하고, 비행기 및 숙소 예약같이 사소한 일정에서부터 인천대학교 스마트시티 심포지엄 참석까지 눈코 뜰 새 없는 시간을 보냈습니다. 계획안 작성 등 관련 업무를 통해 한글과 영어를 병기하여 공문서를 작성했고 이러한 경험을 바탕으로 행정영어 책자 제작 TF팀에 도움이 되고 싶었습니다." 2019년 세계도시 전문가 초청 세미나 행사에 참여했던 박종윤 선생님의 말이다.

TF 팀장이었던 인력개발팀 김주일 선생님을 비롯해서 현장의 직원 선생님들 각자가 크고 작은 프로그램을 주도하기 시작하면서 자신만의 업무 노하우와 자료를 데이터베이스화했고, 이를 동료와 공유하며 소모임을 조직하기에 이르렀다. 이에 따른 결과물은 전문지식을 갖춘 외국인 교수님과 국제교류 담당자로부터 피드백을 받으면서 업무참고자료로 손색이 없을 만큼 발전해갔다.

이러한 과정에서 대학행정영어 연구 소모임을 이끌던 인력개발팀 조천순 과장과 김주일 선생님이 결과물을 도서로 출판하자는 아이디어를 제시했다. 현장에서 얻은 지식과 경험이 담긴 결과물을 대학구성원과 나눠 대학 전체의 국제화 수준을 높여보자는 것이 그 이유였다. 얼마 후 직원 선생님들은 "INU 교직원 실무영어"라는 책을 출판했다. 이러한 현장에서의 노력을 통해 인천대는 국내를 넘어 글로벌대학으로 진입하기 시작했다.

현장 중심 원칙으로 학과의 자율성 존중

"지난 4년 동안 신임 교수를 충원하겠다는 각 학과의 요청은 100% 수용되었습니다. 본부에서 그 과는 교수가 많으니 안 뽑았으면 좋겠다는 말을 한 번도 하지 않았습니다. 이렇게 되면 충원율과 충돌하는 경우가 있습니다. 예컨대 어느 학과는 강의를 담당하는 교수가 부족한데도 뽑지 않고, 어느 학과는 교수가 넘치는데도 더 뽑겠다는 경우가 있습니다. 이럴 때 두 가지 제안을 드립니다.

첫 번째 제안은 충원율을 기준으로 삼지 말자는 것입니다. 왜냐하면 우리 학교는 이미 교육 중심 대학에서 연구 중심 대학으로 바뀌었기 때문입니다. 충원율은 교육 중심 대학일 때의 기준입니다. 연구중심 대학에서는 연구가 필요한 학과는 안 가르치는 교수도 뽑을 수 있어야 합니다. 또 그 과정에서 더 많은 전공선택 과목도 만들 수 있습니다.

두 번째 제안은 학과 의견을 따르자는 것입니다. 그 학과에 교수가 필요한지 아닌지에 대한 판단을 획일적인 기준에 따라 대학 본부가 정하지 말고 개별 학과에 맡기자는 것입니다. 그 학과가 교육을 위해 교수가 필요하다면 교육을 할 교수를 뽑고, 새로운 연구를 수행할 교수가 필요하다면 그런 교수를 뽑으면 됩니다.

그런데 교수 충원에 있어서 현장 중심 원칙은 원칙이 아니라고 반대하는 보직 교수들이 있었습니다. 인천대는 이러이러한 방향으로 간다는 원칙을 본부에서 결정하고, 그 원칙에 따라 해당 학과에 필요한 교수를 배정하는 것이 원칙이라고 주장하였습니다. 저는 본부에서 원칙과 방향을 정하는 것도 하나의 대안이지만, 현장을 담당하는 학과에서 스스로 판단하고 결정하는 것도 또 하나의 대안이라고 했습니다. 첫 번째 대안은 본부 중심 원칙에 의한 연역적 방법이고, 두 번째 대안은 현장 중심 원칙에 의한 귀납적 방법입니다. 미래가 분명하고 쉽게 파악할 수 있는 시대라면 본부중심 원칙도 좋지만, 지금처럼 미래로 나아가는 데 있어 다양한 가능성이 있는 시대에서는 현장중심이 더 바람직하다고 믿습니다. 더구나 우리 인천대의 구성원들은 단기적이고 자기중심적인 사고보다 장기적이고 대학과 사회를 먼저 생각하는 현명하신 분들입니다. 인천대는 현장 중심 원칙을 적용할 수 있는 대학이라고 믿습니다.

지금은 생태계가 결정하는 시대입니다. 대학을 생태계에 맡기고 생태계 스스로 발전하도록 도와주는 역할을 본부가 해야 합니다. 본부는 모든 일이 선순환으로 이루어지도록 플랫폼을 제공하는 역할을 하면 됩니다. 깃발을 들고 앞장서서 나를 따르라는 방식만 원칙이라고 생각해서는 안 됩니다. 물론 그것도 하나의 원칙이 될 수는 있지만, 현대사회에서는 플랫폼으로서 생태계가 움직이는 메커니즘에 따르는 것 역시 훌륭한 원칙이 될 수 있습니다. 생태계 스스로 책임을 지고 힘을 기르고 생존할 수 있도록 기다리는 것이야말로 플랫폼인 본부의 중요한 역할입니다. 그 시간을 기다리지 못하면 본부에서 자꾸 지침과 원칙을 만들고 현장에 따르도록 일방적으로 지시하게 됩니다. 그래서는 환경이 급변하는 생태계에서 살아남기 힘듭니다. 저는 본부가 이러한 조급증을 극복하고 생태계가 작동할 수 있을 때 성숙한 조직이 탄생한다고 생각합니다.

4년 동안 현장에 답이 있다는 원칙에 따라 각 학과가 스스로 책임을 지고,

학과를 발전시키는 것이나 후퇴시키는 것이나 각 학과의 선택이라고 했습니다. 조직도를 180도 돌려서 현장을 제일 위에 배치한 작은 혁신을 시작으로 해서, 다양한 혁신 프로젝트들을 실행하는 과정에서 일관되게 현장에 답이 있다는 점을 중심에 두었습니다.

인천대만큼 행복한 대학도 없습니다. 다른 대학은 교육부에서 정년 교수를 대체하는 경우에만 신임 교수를 뽑으라고 합니다. 인천대는 국립대법인이 되면서 교육부가 그런 관여를 안 합니다. 직접적인 규제를 안 합니다. 사립대였을 때는 교수 충원율이 50% 정도였습니다. 충원율은 대학의 흑자적자를 가르는 분수령이라고 할 수 있습니다. 교수 인건비가 높기 때문에 대부분의 사립대학은 전임교수를 줄이고 강사를 늘립니다. 지방거점 국립대학들은 85% 정도 됩니다. 서울대는 120% 가까이 됩니다. 인천대는 지난 8년간 신임교수들을 열심히 뽑은 결과 77%로 올라갔습니다. 아직 여유가 있습니다. 교수를 마음대로 뽑아도 되는 전국에서 유일한 대학입니다. 각 학과로 하여금 신임교수를 원하는 만큼 뽑도록 했습니다. 현장에 답이 있다는 말은 서류와 현장은 다르다는 의미입니다. 충원율과 같은 서류상 통계에만 의존하다 보면 현장과는 동떨어진 의사결정이 나올 수 있습니다. 현장 중심 원칙을 지키며 구성원들이 책임의식을 가지고 업무에 임하는 한, 인천대학교는 끝없이 발전할 수 있는 원동력을 지니고 있는 셈입니다." 조동성 총장의 말이다.

혁신 비용

인천대의 혁신을 소개하는 세미나에서 조동성 총장으로부터 현장 중심 혁신에 대한 설명을 들은 참석자가 질문했다. "이러한 혁신 프로젝트를 9개씩이나 진행하는 데에는 상당한 비용이 필요할 텐데, 이에 대한 예산부서의 반발은 어떻게 극복했습니까?"

조 총장의 답변은 간단했다. "고비용이 필요한 혁신은 진정한 혁신이 아닙니다. 이 세미나에서 다룬 현장 중심 혁신 9가지는 돈을 쓰는 혁신이 아니라 돈을 버는 혁신입니다.", "뭐라구요?"라고 놀란 참석자에게 한 답변은 다음과 같다.

"존댓말 쓰기 운동, 조직도 180도 회전, 예산배분권의 현장 위임, WURI Ranking 참여 같은 혁신은 전혀 예산이 필요하지 않습니다. 다만 석박사학위 과정에 입학하는 직원/조교 선생님에게 90% 장학금을 제공하는 프로젝트는 장학금만큼 예산이 든다고 생각되기 쉽지만, 대학 입장에서는 오히려 10%의 등록금이 추가로 생기는 기회가 됩니다. 우리 직원/조교 선생님들은 여석을 활용해서 입학하기 때문이거든요. 혁신사례집, 실무영어책도 학교 예산을 쓰기보다는 책을 많이 팔아서 돈을 벌 수 있는 기회가 됩니다.

손자병법 식으로 말씀드린다면, 돈을 들여서 하는 혁신은 하책下策이고, 돈을 안 들이고 하는 혁신은 중책中策이며, 돈을 벌어가며 하는 혁신은 상책上策입니다."

***

"학교를 이끌어나가는 게 교수님들이라고 생각하는 분들이 많지만 실은 그렇지 않습니다. 학교는 직원 선생님들이 이끌고 갑니다." 조동성 총장이 교수들에게 한 얘기이다.

"직원 선생님들은 아침부터 저녁까지 풀타임으로 근무하시는 분들이고, 보직을 맡으신 교수님들은 교육하고 연구하다가 시간을 내서 학교 일을 보는 파트타임입니다. 부총장님, 학장님, 처장님, 원장님 모두 파트타임입니다. 학교 행정 업무를 본다는 점에서 그렇다는 말입니다. 교육과 연구를 하지 않으면서 풀타임으로 학교 업무를 보는 보직교수는 총장이 유일합니다. 그래서 총장은 교수가 아닙니다.

교육 연구 일과 학교 일이 부딪치는 상황이 되면 보직교수님들은 교육과 연구를 우선으로 할 수밖에 없으십니다. 보직을 위해 교육 연구를 희생하라고 요구할 수 있는 권한이 학교에는 없습니다. 대학행정은 풀타임으로 일하는 사람들이 끌어가는 것이지, 2년에서 4년간 파트타임으로 일하는 교수님들이 끌어가지 않습니다.

바다에 비유한다면 직원 선생님들은 '물'이고, 보직교수님들은 '파도'입니다. 파도는 왔다 갔다 하지만 물은 그대로 있습니다. 바다가 물로 이루어지듯, 대학행정은 직원 선생님들에 의해 이루어집니다. 보직교수님들은 의사결정을 하는 분들이지, 하루하루의 행정을 하는 분들은 아닙니다. 의사결정은 파트타임으로도 가능하지만, 행정은 그렇지 않습니다. 미국 대학에서는 보직교수님들이 풀타임으로 보직을 합니다. 보직 기간에는 교육이나 연구를 하지 않습니다. 학교를 이끌어 가시는 직원 선생님들이 자신들의 역할에 대해서 자부심과 소명의식을 가지고 일에 임하셨으면 합니다."

사례작성자 안희수, 조동성
혁신사례 실행을 위해 참여한 구성원 권순범, 김정은, 김주일, 박종윤, 신경욱, 임승빈, 조천순, 최현석, 황선영

투명성을 위한
혁신 프로젝트의 조합과 순열

#종합 혁신 #세계 최초

"정말 축하드립니다. 드디어 인천대 청렴도(부패방지 시책 평가)가 2등급으로 상승했습니다!" 감사팀 최형우 팀장의 청렴도 상승 보고를 받고 조동성 총장은 "참으로 수고하셨습니다. 그러나 아직 만족할 수준은 아닙니다. 남아있는 한 단계를 위해서 다같이 노력합시다."라고 대답했다.

인천대학교는 국민권익위원회 주관 부패방지시책평가에서 2018년 3등급에서 2019년 2등급으로 상승했다. 2018년 평가에서 3등급을 받은 후, 조동성 총장과 각 행정부서는 학교 내 부패 척결을 위해 새로운 혁신 사업과 아이디어를 진행하고 시스템을 개발했다.

"청렴성은 조직의 경쟁력이고, 그 조직이 성과를 내기 위한 기반입니다. 청렴은 의외로 쉽습니다. 청렴은 결과이기 때문입니다. '청렴하라'라고 요구하는 것은 밥을 먹으라는 말을 하지 않고 '맛있어라'라고 강요하는 것과 같습니다. 밥을 먹으니까 맛있어지는 것이지, 먹지 않고 맛있을 수는 없습니다. 마찬가지로 청렴을 위한 행동을 하지 않으면서 청렴이란 결과를 기대하면 안 됩니다. 청렴도는 측정된 결과일 뿐입니다. 청렴이란 결과를 기대하려면, 조직 구성원들의 행동을 투명하게 하면 됩니다."

중요한 회의 실시간 공개

투명성으로 가는 첫 번째 작업은 '중요한 회의 실시간 공개'였다. 회의실에 영상장치를 달아 회의 내용을 실시간으로 전 구성원에게 중계했다. 대표적인 것이 총장, 부총장, 학장, 처장 전원이 참석하는 교무회의이다. "교무회의는 우리 구성원 모두가 촉각을 세우는 회의입니다. 교무위원 각자가 어떤 발언을 하는지, 누가 누구 편을 들었는지 등을 모르면 온갖 루머들이 난무합니다. 교무회의를 생중계하니까 루머나 오해가 자연스럽게 사라졌습니다." 양운근 교학부총장 설명대로 이 제도는 대학문화를 투명하게 혁신하는 데 큰 역할을 했다. "교무회의에서 어떤 논의가 이루어지고 어떤 의사결정이 이루어지는지를 알게 되었습니다. 교무위원들은 발언 하나에도 조심스러워졌습니다. 의도와 관계없이 발언에 실수가 있으면 학내 구성원들에게 어떤 비판을 받을지 알 수 없으니까요. 그러나 이런 어려움은 투명성을 위해서 적응하고 극복해야 합니다." 김용식 대외협력부총장 설명대로 교무위원들은 교무회의에 대한 긍정적인 면과 어려움을 동시에 경험했다.

황재휘 비서실장은 또 다른 긍정적인 변화에 대해 언급했다. "처장님과 직원 선생님들, 그리고 직원 선생님들 사이에 보다 중요한 안건들을 빠르게 공유하여 의사소통이 더 빠르고 원활하게 이루어지게 되었습니다." 비서실 안희수 선생님이 관찰한 대로 "이전에는 뒤늦게 구두를 통해서, 혹은 회의록을 통해서만 알 수 있었던 안건이 많았습니다. 하지만 방송을 통해 생생하게 안건 논의 과정을 보면서 학교의 현안들과 문제상황에 대한 구성원 간 견해 차이를 구체적으로 알 수 있게 되었습니다. 이제는 학교 전체의 입장에서 빠르게 업무를 진행할 수 있습니다."

경비 사용내역 공개

투명성을 위한 두 번째 작업은 '경비 사용내역 공개'였다. "모든 조직에는 업무추진비 예산이 있습니다. 보직 교수님이나 책임을 맡은 직원 선생님들이 사용하는 비용입니다. 2016년 총장에 취임하자마자 업무추진비 사용 내역을 살펴보니 보직교수님들이나 직원 선생님들이 업무추진비를 사용한 후 그 내용을 기록하지 않은 것들이 많았습니다. 저는 그 내역을 육하원칙에 따라 자세히 기록하도록 했고 이를 모두 대학 사이트에 올리도록 했습니다. 예외가 있다면 외부 인사들에 대해서는 이름을 공개하지 않도록 했습니다. 이렇게 투명성을 도입한 후, 업무추진비가 한동안 40% 줄었다고 합니다." 조동성 총장의 설명이다. 조명순 재무회계팀장은 "처음 업무추진비 사용내역을 구체적으로 요청드렸을 때 불편해하시는 보직교수님들이 많았습니다. 하지만 이제 학교의 제도로 정착되어 한국의 어느 대학보다 더 투명하게 운영되고 있어 뿌듯합니다."라며 "팀장으로서 업무추진비를 사용할 때도 개인적인 목적과 업무적인 목적을 더욱 엄격하게 구분하여 사용하게 되었습니다."라고 덧붙였다.

물품 구매과정 공개

　투명성을 위한 세 번째 작업은 '물품 구매과정 공개'였다. 인천대는 구매한 물품과 가격에 대한 내용을 상세하게 기록하지 않았다. 그 결과 구매한 물품의 가격이 적절한지 아닌지 파악할 방법이 없었다. 구매과정에서도 형식적으로 세 군데로부터 견적을 받아서 가장 낮은 견적서를 선택하는 관행을 반복하고 있을 뿐, 그 세 견적서가 적절한지에 대한 검증 절차가 없었다.

　인천대는 3단계로 나누어 구매혁신을 시작했다. 1단계 혁신은 2018년 4월에 이루어졌다. 출판문화원을 100% 인천대 자회사로 설립해서 MRO사업을 담당케 한 것이다. MRO는 Maintenance, Repair and Operations의 약자로 소모성 자재를 구매하고 시설을 유지 보수하는 데 들어가는 부품과 서비스를 제공하는 역할을 하는 회사를 지칭하는 경영학 전문 용어이다.

　과거에는 구매를 원하는 부서 실무자가 구매물품을 조달해주는 회사 3개를 임의로 선정한 다음 이들의 견적서 3개를 첨부해서 재무회계팀에 제출했다. 그러다 보니 구매부서에서는 그동안 구매를 자주 해서 친숙해진 회사를 선택하게 되고, 경우에 따라서는 그 회사가 다른 2개사의 견적서를 들러리로 함께 가져오는 난센스가 인천대뿐 아니라 우리나라 대부분 회사의 구매 관행이 되었다.

 1단계 혁신으로 설립된 출판문화원은 조달청으로 보내야 하는 2,200만 원 이상의 구매를 제외한 나머지 구매에 대해 견적서 3개 중 하나를 직접 제출할 수 있게 되었고, 그 결과 기존 업체들이 들러리를 세우던 관행이 하루아침에 깨졌다. 출판문화원이 원칙적으로 10% 마진을 붙여서 견적서를 내는 것을 알게 된 기존 업체들은 그전까지 붙이던 30~40%의 마진율을 10% 이내로 줄일 수밖에 없었다. 그 결과 인천대의 구매 가격은 1단계 혁신만으로 평균 22% 낮춰졌다. 2019년도 인천대 예산에서 2,200만 원 이하의 물품 구매 예산이 90억 원 정도 되었던 것을 감안하면, 출판문화원이 참여하고 나서 들러리 관행이 사라진 결과, 한 해에 90억 원의 22%인 19.8억 원이 절약된 것으로 추정된다.

 그러나 1단계 구매혁신은 학교 구매 담당자들의 반발을 불러왔다. "지금까지 주문해왔던 곳에 전화로 이야기만 하면 물건을 가져다주었는데, 이제는 우리가 직접 물건을 검색하고 규격까지 적어야 주문이 되니 너무 불편합니다.", "배송이 너무 늦습니다.", "교수님들이 원하시는 실험용 기계나 제작 물품은 이 제도하에서 구매가 불가능합니다." 초기의 요청사항들과 불만이 나오면서 MRO 사업을 하는 출판문화원에 대한 부정적인 인식이 생기기 시작했다. 이는 당연한 일이었다. 그동안 구매 담당자들은 전화만 하면 바로 물품을 배달시킬 수 있었고, 견적서를 여러 개 살펴볼 필요가 없었기 때문이다.

 하지만 구매담당자에게 편리한 과정과 서비스는 결국 구매물품의 가격에 높은 마진율로 반영되어 있었고, 그 결과 같은 물건이라도 높은 가격을 주고 구매하는 경우가 많았다는 것을 확인할 수 있는 계기가 되었다.

출판문화원은 내부 구매 담당자들의 불만에 대한 계속된 피드백과 개선을 통해 구성원들의 요구사항을 반영했다. 시간이 지나고 구성원들도 새로운 물품 구매 시스템 방식에 적응하면서 출판문화원의 MRO 사업이 차츰 안착되었다. 또한 타 업체와의 비교견적을 통해 더 저렴한 가격에 같은 물품을 사게 되는 경험이 쌓이자 구성원들의 긍정적인 반응도 점차 쌓이게 되었다.

내부적인 평가뿐만 아니라 외부적으로 긍정적인 변화도 있었다. 국민권익위원회 청렴도 측정결과 계약분야에서 전년도 대비 3단계나 상승하게 된 것이다. 1단계 구매혁신을 2년간 성공적으로 하고 나니, 한 단계 더 혁신할 수 있는 가능성이 생겼다. 그것은 구매 과정을 온라인으로 자동화해서 투명성을 제고하고, 업무 효율성도 높이고, 추가적인 가격 절감도 추구하는 2단계 구매혁신이었다.

2단계 혁신 시도를 하게 된 결정적인 계기는 현장에서 나왔다. 구매를 담당하는 재무회계팀 조명순 팀장이 들러리와 함께 참여하는 외부 회사는 물론, 출판문화원까지도 동시에 견제하는 구매자동화 장치 도입에 대한 의견을 냈다. 이 회사들이 비록 2년 전보다는 평균 22% 낮은 가격으로 입찰에 참여하지만, 아직 이들이 내는 가격이 최저가라는 보장은 없다는 것이다. 같은 팀의 나연중 선생님이 팔을 걷어붙이고 나섰다. 더구나 구매자동화가 가져올 마진율의 하락과 이에 따른 수익성의 악화로 인해 새 제도하에서 피해를 받게 될 가능성이 높은 출판문화원 정유진 대표까지도 인천대의 투명하고 건강한 구매환경 구축에 적극적으로 동의하면서, 구매 입찰에 참여하는 기업들을 투명하게 만들어줄 모델을 제안해주었다. 전산원에서는 윤정아, 최은희 선생님이 직접 프로그램을 맡아서 2개월 만에 완성시켜줌으로써 외부에 맡기는 데 비해 기간을 4개월 이상 단축하고 비용도 수천만 원 이상 절약해주었다.

실무 전문가 다섯 명이 각고 끝에 만들어낸 구매자동화모델은 구매희망부서에서 받은 견적의뢰서를 인천대가 개설한 온라인 통합구매 사이트로 받아 견적 취합 → 비교견적 요청 → 최저가 업체선정까지 세 단계에 걸쳐 일어나는 모든 행정행위를 사람의 개입 없이 자동으로 처리해준다.

2020년 4월 17일에 가동을 시작한 구매자동화시스템이 불과 1개월여 만에 올린 효과를 보자.

첫째, 이미 1단계 혁신에서 업체 상호 간의 가격 담합이 불가능해져 투명성이 제고된 상황에서, 구매요청서를 온라인 사이트에서 예외 없이 모두 공개함에 따라 투명성이 100% 확보되었다.

둘째, 구매 시 기존 3개로 제한된 참여업체보다 훨씬 많은 입찰 신청 업체들이 참여하게 되었다. 인천대 홈페이지에 구매내역이 다 들어가 있어서 전 세계의 모든 기업이 인천대의 구매요청 입찰에 참여할 수 있다. 2020년 6월 26일 기준으로 157개 업체가 참여하고 있고 이 숫자는 향후 더 늘어날 것으로 예상된다.

셋째, 자동화된 공정, 그리고 공개경쟁으로 구매과정에 관련된 개인이 자칫 범할 수 있는 자의성을 극복할 수 있고, 더 나아가 실무자가 반복적으로 진행하던 결재업무를 생략할 수 있게 되어 업무 효율성을 높이게 되었다.

가격 수준의 인하는 덤이었다. 이제 기존 업체와 출판문화원은 외부에서 어느 업체가 들어올지 모르는 상황에서 마진율을 더 낮추지 않을 수 없게 되었다. 그 결과 이미 1단계 구매혁신에서 22% 인하된 평균 구매가격은 또 다시 9% 인하돼서 2년 2개월 전보다 31%가 인하되었다. 2019년 구매예산 90억 원에 이 인하율을 적용하면 1단계 절약액 19.8억 원에 다시 8.1억 원이 추가돼서 27.9억 원의 절약이 이루어지는 셈이다. 물론 향후 1년 내내 이런 가격 인하가 이루어질지는 모르지만 이미 첫 발자국은 떼었다.

또 다른 중요한 변화는 교내 구성원들의 청렴에 대한 마음가짐이다. 이러한 구매혁신과정을 경험한 모든 구매 관련 구성원들은 업무 추진 과정에서 자연스레 청렴을 생활화하여 투명하고 공정하게 직무를 수행해야 한다는 생각을 가질 수 있게 되었다. 관행처럼 이루어진 구매방식을 타파하고 새로운 시스템을 사용하면서, '청렴'을 거창하고 특별하게 생각하지 않고 일상 업무 중에서 달성할 수 있는 것이라는 씨앗이 구성원들 마음에 심어졌다.

기획예산처 허진 처장은 모든 학장이 참석한 교무회의에서 약속했다. "구매혁신 과정에서 일어난 절약은 실무진들의 노력과 함께 구매를 현장에서 담당하는 각 학과의 구매담당 선생님과 이 제도가 정착하는 과정에서 발생한 여러 가지 불편을 감당해주신 각 학과 교수님들의 공입니다. 따라서 이 과정에서 절약된 부분 전액을 구매 담당부서에서 사용할 수 있도록 해드리고, 내년 예산 편성에서도 현장에서의 노력을 인정해서 반영해드리겠습니다."

조명순 팀장의 말이다. "인천대가 진행한 구매혁신 1, 2단계는 가히 구매관리의 대변환이 이루어진 국내 최초, 더 나아가 세계 최초 사례라고 말씀

드려도 될 듯합니다. 투명성이 먼저 이루어지면 청렴은 저절로 따라오는 결과입니다. 우리는 내년 정부의 청렴성 평가에서 인천대가 최우수 등급을 받을 것이라고 확신합니다."

"인천대는 인천 지역사회와 함께 상생해야 합니다. 이 제도를 도입하면서도 인천 지역 납품회사들이 50% 이상의 실적을 내도록 하는 장치를 마련하고 있습니다. 입찰 기일을 3일이라는 비교적 짧은 기간으로 제한한 것은 지역사회 납품업체에게 결정적인 이점입니다. 첫 두 달의 성과만을 보면 인천 지역사회가 건수로 71%, 금액으로 63%의 실적을 올렸다고 합니다. 앞으로 이 수치를 계속 살펴보면서 가격 인하라는 효율성과 지역사회와 상생하는 형평성을 동시에 달성하는 제도를 만들겠습니다." 나연중 선생님이 추가로 덧붙인 말이다.

E-Clean 모니터링 제도 및 청렴도 제고 시책사업

투명성을 위한 네 번째 사업은 'E-Clean 모니터링 제도 및 청렴도 제고 시책사업'이다. 이 제도는 대학의 소통 향상을 위해 민원실의 문을 낮추고 구성원들의 청렴 인식을 강화하고 실천하도록 하는 사업이다. 2017년 5월, 홈페이지에 E-감사실을 만들어 민원사항을 24시간, 어느 때나 이용할 수 있도록 했다. 이는 민원인에 대한 문턱을 낮추고 익명제보를 통해 제보자를 보호하려는 의도에서였다.

인천대는 자체감사 실시 결과를 공개할 뿐만 아니라 2017년 5월부터 타

대학의 교육부 자체감사 사례 정보를 홈페이지 및 포탈에 공개함으로써 대학구성원에게 필요한 정보를 제공하여 부정부패의 사전예방에도 힘쓰고 있다. 또한, 대학구성원들이 이용하는 온라인 커뮤니티 사이트 등을 수시로 점검하여 의심사항 등을 조기에 조사하여 사전예방과 계도 위주의 감사활동을 전개하고 있다. 또한, 인천대는 2018년 8월부터 감사팀에서 청렴시책 업무를 본격적으로 추진하면서 '청렴시민감사관제' 도입과 '찾아가는 맞춤형 청렴교육' 확대 등 다양한 제도를 마련하여 전체 구성원의 청렴도 제고에 심혈을 기울이고 있다. 이근우 상임감사는 평소 '조직의 청렴도는 기관의 지속적인 발전을 담보할 수 있는 매우 중요한 요소'라고 강조하고 있다.

e-clean 모니터링제 및 청렴도 제고 시책사업을 통한 활동으로 인하여 제도개선을 이끌어낸 주요 실적은 다음과 같다.

첫째, 2013년부터 실시한 인천대의 자체감사 지적사항과 교육부 및 감사원의 타 대학 감사지적 사례 등을 홈페이지에 공개하여 신입직원이나 보직발령으로 인해 새로운 업무를 처리하는 직원들에게 업무처리에 있어서 주의하고 개선해야 할 사항 등을 안내하여 구성원들의 업무처리에 도움을 주었다. 반면 비위를 저질렀을 때는 징계 및 고발조치 될 수 있다는 점을 사례를 통해 인식시켜 줌으로써 구성원들의 기강을 세웠다.

둘째, 최근 감사의 패러다임은 업무처리 과정에서 벌어진 실수에 대해서는 책임을 묻고 징계하는 것이 아니라 잘못의 근본 원인을 찾아내 실수를 되풀이하지 않는 데 있다. 이에 전 부서의 문서를 상시 모니터링 하여 자체연구비 결과물과 연구비 정산에 관련 부서가 어려움을 겪고 있는 것을 발견했다. 2018년도 종합감사계획 수립 시 연구비에 대한 사항을 점검하기로 결정했고, 종합감사를 통해 장기간 자체연구비 결과물 미제출과 연구비 정산이 되지 않은 연구자에 대한 환수조치와 위반자들에 대한 제재조치를 규정에 마련하도록 처분을 요구했다.

셋째, 대학의 주요 사업과 부패 취약분야에 대해 외부전문가의 감시·조사·평가를 통해 대학행정의 투명성과 신뢰성을 확보하고자 2019년 청렴시민감사관 제도를 도입했으며, 「인천대학교 청렴시민감사관 운영지침」을 제정하여 제도의 근거를 마련하고, 공개모집을 통해 변호사 등 전문가 3명을 청렴시민감사관으로 위촉하여 대학 행정의 투명성 증대를 위한 새로운 기반을 구축했다.

인천대학교는 앞으로도 부패요인 사전차단 및 재정 건전성 확보를 위하여 제도개선과 예방감사 활동을 전개해 나갈 것이며, 감사사례 분석 전파를 통한 환류체계를 확립하여 구성원의 청렴도 향상을 위한 노력을 계속해 나갈 것이다.

***

조동성 총장은 "대학의 경쟁력은 청렴성에서 나옵니다. 청렴성을 확보하는 데 가장 중요한 수단은 투명성입니다. '뉴욕타임즈 룰'이라는 말이 있습니다. 이 말은 '오늘 우리가 하는 행동과 말이 내일 아침 뉴욕타임즈에 헤드라인으로 나와도 부끄럽지 않도록 하자'라는 의미입니다. 그런 투명성이 이루어지면 청렴성은 보장됩니다. 앞으로 인천대학교가 청렴도 최우수대학이 될 것을 확신합니다."라고 마무리했다.

사례작성자 강상미, 박미선, 방동인, 안희수, 이근우, 최형우
혁신사례 실행을 위해 참여한 구성원 김용식, 나연중, 양운근, 윤정아, 정유진, 조동성, 조명순, 최은희, 허진, 황재휘

캠퍼스 국제화를 위한
혁신 프로젝트의 조합과 순열

#종합 혁신 #세계 최초

"정부가 주도하는 대학입학정원 감축보다 인구 감소가 빠르게 진행되고 있습니다." 2019년 8월 유은혜 사회부총리 겸 교육부 장관은 대학지원 혁신지원 방안을 발표하는 자리에서 학령인구 감소가 가져올 대학의 입학정원 미달 사태를 언급했다. 2019년 교육부 추산에 따르면, 2019년 52만 6,000여 명이었던 대입가능자원이 2030년에는 40만 명 안팎으로 감소할 예정이다.

2030년대 후반을 예측하면 더욱 암울하다. 우리나라 2019년 출생아 수는 30만 3,100명으로 이들이 만 18세가 되는 2037~38년에는 대입가능자원이 대입진학률 70%를 적용할 때 21만 2,000명으로 준다. 이 숫자는 2019년 대입정원 49만 7,000명의 43%에 불과하다. 이 추세라면 우리나라 대학

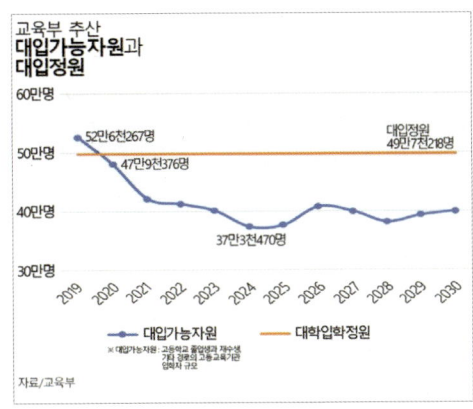

그림 1 교육부 추산 대입가능자원과 대입정원 변동추이

중반 이상이 문을 닫거나, 각 대학이 반 이하로 입학정원을 줄여야 한다.

대학사회는 거대한 생태계를 이루고 있어서 이 안에는 큰 대학과 작은 대학, 종합대학과 특수대학, 수도권 대학과 지방 대학, 널리 알려진 대학과 덜 알려진 대학 등이 적절한 균형을 이루는 법이다. 따라서 대학이 문을 닫는 대안보다는 각 대학이 정원을 줄이는 대안이 더 현실적이다.

교육부도 이런 상황을 이해하고 있다. 그리하여 앞으로 입학정원 미달 사태에 대비하여 2018년 대학기본역량진단평가를 실시하고, 67개 대학과 49개 전문대학에 1만 명 규모의 정원 감축을 권고했다.

인천대는 2018년 시행된 대학기본역량진단평가에서 '자율개선대학'으로 선정되어 정원 감축에서는 자유로웠지만, 그래도 안심할 수 없는 상황이었다.

"지난 2018년에는 다행히 입학정원이 유지되었지만 앞으로 정부가 언제 정원 감축을 요구할지 모릅니다. 아니, 대학의 수준과 관계없이 우리나라 모든 대학은 정원이 1/2로 감축되는 데 대한 각오를 해야 합니다.

인천대는 대한민국 인구 1/3이 살고 있는 인천과 경기도의 유일한 국립 종합대학이므로 인천대법이 정한 바에 따라 '국제경쟁력을 갖춘 거점대학'으로서의 위상을 유지할 의무를 가지고 있습니다. 이에 따라 종합대학으로서 현재 존재하는 64개 학과를 유지하려면 학과 당 최소 정원이라 할 수 있는 40명을 유지해야 하고, 이를 위해서는 현재의 총 입학정원 2,500명이 필요합니다.

그렇다면 인천대는 각 대학에 대한 평가와 관계없이 정부가 모든 대학에 요구하게 될 가능성이 큰 정원 감축에 대해 대비를 해야 합니다. 가장 확실한 대비책은 정원 외로 뽑을 수 있는 외국인 학생들을 충분히 확보하는 것입니다. 극단적으로 입학 정원이 반으로 줄어드는 상황에 대비해서 그만큼의 외국인 학생들을 인천대 캠퍼스로 유치하는 '캠퍼스 국제화'를 이룩하여 국내 학생과 외국인 학생이 반반씩 섞인 글로벌 캠퍼스를 만들어야 합니다." 조동성 총장은 인천대 캠퍼스 국제화 프로젝트를 시작하던 당시를 회고했다.

그러나 조동성 총장이 취임하던 2016년, 1만 2,000명이 넘는 학부생 중 외국인 유학생 수는 180여 명에 불과했다. 20년 뒤 대입가능자원이 현재의 절반 이하로 떨어진다는 예측을 전제로 외국인 유학생이 6,000명 이상이 되어야 64개 학과를 운영하는 종합 국립대의 위상을 지킬 수 있기 때문에, 인천대는 외국인 유학생을 늘리는 데 사활을 걸어야 했다.

우리나라보다 수십 년 먼저 외국인 유학생 유치에 적극적으로 나섰던 미국, 유럽, 호주 등 선진국의 주요 대학들은 전체 재학생 중 외국인 학생 비율이 30~70%에 달하는 곳이 많다〈표 1〉.

국가	대학	외국인학생비율
미국	Columbia University	46%
	Stanford University	24%
	Harvard University	21%
	Carnegie Mellon University	52%
영국	University of Oxford	43%
	London School of Economics & Political Science	70%
호주	University of Sydney	38%
	Monash University	34%
홍콩	University of Hong Kong	42%

표 1 세계 주요 대학 외국인 학생 비율(출처: Times Higher Education 2019 통계)

조동성 총장은 지속 가능한 발전과 미래 생존의 필수조건인 인천대 국제화 프로젝트의 시동을 걸면서 다음과 같은 화두를 던졌다.

"수준 높은 외국인 유학생을 많이 모집하기 위해서는 어떤 방법이 필요하겠습니까? 학비를 조금 더 낮춰볼까요? 그렇지 않습니다. 인천대의 지향점은 '학비가 저렴한 대학'이 아니라 '교육이 우수한 대학'입니다. 우수한 유학생을 모집하기 위해서는 먼저 유학생 관점에서 매력적인 대학이 되어야 합니다."

조동성 총장은 국제지원팀 최준영 팀장을 비롯한 학내 간부들과의 회의 끝에 우수 외국인 유학생 유치를 위해 아래 5가지 범주의 9가지 전략을 수립했다〈표 2〉.

구분	전략
교육	1. 외국어 교과 프로그램의 강화와 외국어 강의 담당 교수의 적극 채용
	2. 2+2 복수학위 프로그램
학생	3. 외국인 학생을 위한 비교과 활동의 강화
행정	4. 총장이 결재하는 모든 공문에 한·영문 병기
학비 및 장학금	5. 외국인 등록금의 5배 상향 조정
	6. Net Price Calculator에 의한 장학금 산정방식의 채택
대외	7. 외부기관과 MOU 체결
	8. 한국어학당 확대 운영

표 2 인천대의 9가지 국제화 전략

외국어 교과 프로그램의 강화와 국어 강의 담당 교수의 적극 채용

 인천대는 외국인 유학생의 교육만족도를 높이고 국내 학생들에게 양질의 원어 강의를 제공하기 위해 외국어로 진행하는 교과 프로그램을 강화해 나갔다.

 이를 위해 원어로 강의가 가능한 외국인 교원을 적극적으로 채용하여 원어 강좌 수를 늘렸다. 그 결과 2016년 498개였던 원어 강좌 수는 2019년 539개로 8.2% 증가했다. 원어 강의 참여 교원도 2016년 250명에서 2019년 294명으로 17.6%나 증가했다. 전체 강좌 수에서 차지하는 원어 강좌 비율 역시 2016년 10.6%에서 11.2%로 비중이 높아졌다〈그림 4〉.

 원어 강의를 진행하고 있는 교육혁신원 조지민 교수(초빙교원)은 "일반적으로 원어 강좌를 개설하면 외국인 유학생들만 혜택을 보는 것으로 오해하지만, 실제로는 한국 학생들도 많이 참여하기 때문에 대학 내 학생들의 전반적인 만족도가 올라가는 것으로 파악됩니다."라고 말하면서 긍정적인 효과를 지적했다.

다만 2020년의 경우 코로나19의 확산으로 인해 원어 강좌 수 증가폭이 주춤하고 강의참여 교원 수도 전년도에 비해 소폭 감소한 것으로 나타났으나 이는 전염병으로 인한 일시적 현상으로 해석된다.

구분		강의참여 교원	원어 강좌 수	전체 강좌 수
2016	1학기	123	235	2,366
	2학기	127	263	2,310
2017	1학기	117	221	2,501
	2학기	143	265	2,425
2018	1학기	144	256	2,539
	2학기	156	290	2,465
2019	1학기	143	253	2,504
	2학기	151	286	2,295
2020	1학기	133	243	2,355

표 3 원어(영어)강좌 수 증가추이

2+2 복수학위 프로그램

인천대는 국제화 전략의 일환으로 개발한 외국대학과의 2+2 복수학위 프로그램을 외국인 유학생 유치에 적극적으로 활용했다. 한국대학 졸업장과 미국대학 졸업장을 획득하고 졸업 후 현지 취업을 희망하는 외국인 유학생들의 수요에 맞게 현지에서 인턴과 취업비자(H1B) 지원이 가능한 미국 대학들을 파트너대학으로 발굴, 취업 연계형 복수학위 프로그램을 추진하고 있다.

미국 하와이 소재 웨스트오아후 하와이주립대University of Hawaii West Oahu, 뉴저지 소재 몽클레어주립대Monclair State University, 캘리포니아 소재 로러스 칼리지Laurus College 등은 모두 대학과 연계한 기업에서 인턴 및 취업비자 지원 기회를 제공하겠다는 대학들이다.

UHWO는 하와이 웨스트오아후에 대규모 리조트를 건설 중인 미국 애틀랜티스 리조트Atlantis Resort와 산학협력사업을 벌이고 있다. 중국인 관광객을 겨냥한 애틀랜티스 리조트는 UHWO로부터 중국어와 영어가 가능한 인력을 안정적으로 공급받기를 기대하고 있다.

인천대는 UHWO 및 애틀랜티스 리조트와 3각 MOU를 추진하여 2+2 복수학위 졸업생이 졸업 전 인턴프로그램을 이수하고 졸업 후에는 애틀랜티스 리조트에서 일하며 취업비자를 신청하는 방식을 협의 중이다.

몽클레어주립대는 뉴저지 소재이지만, 미국 최대 엔터테인먼트 그룹인 디즈니와 손잡고 플로리다주 올란도 소재 월트 디즈니 테마파크에서 외국인 학생 인턴프로그램을 운영 중이다. 몽클레어주립대는 인천대와의 2+2 복수학위를 통해 외국인 유학생을 유치하고 이들로 하여금 디즈니 테마파크에서 졸업 전 인턴프로그램을 이수하고 졸업 후 취업비자를 지원할 수 있도록 지원할 계획이다.

로러스 칼리지는 캘리포니아에 옥스나드, 산타마리아, 아타스카데로, 산루이스 오비스포 등 4개 캠퍼스를 운영 중이다. 사립대학인 로러스 칼리지는 실리콘밸리 소재 IT 스타트업 기업들과 산학협력을 맺고 있으며 인천대와의 2+2 복수학위를 통해 유학생을 안정적으로 유치하고 복수 학위 참여 학생에게 졸업 전 인턴 기회와 졸업 후 IT 스타트업 기업이나 벤처기업들을 대상으로 취업비자를 신청할 수 있는 취업 연계형 복수학위 프로그램을 추진 중이다.

로러스 칼리지 제임스 레이몬드 이사장은 2019년 12월 최준영 국제지원팀장, 고덕봉 홍보팀장, 김환식 시설과장, 백종숙 대학원 행정팀장 등 인천대 방문단과의 만남에서 "인천대와의 복수학위 추진은 두 대학 모두에게 혜택을 안겨줄 수 있는 윈윈 프로그램으로 기대됩니다"라고 말했다.

현재 코로나19로 인해 2+2 복수학위 프로그램에 참여할 외국인 유학생 모집활동이 잠정적으로 중단됐지만, 인천대는 2020년 하반기부터 유학생을 적극적으로 모집하여 2021년 가을학기부터 2+2 복수학위 프로그램을 본격적으로 운영한다는 계획을 갖고 있다.

그림 2 인천대와 2+2 복수학위 프로그램 협의 중인 3개 대학(하와이대-웨스트오아후, 몽클레어주립대, 로러스 칼리지)

외국인 학생을 위한 비교과 활동의 강화

인천대는 외국인 학생 수를 늘리는 것 못지않게 유학생들을 잘 관리하는 문제가 중요하다고 판단하여 유학생들을 위한 비교과 활동 강화에 많은 노력을 기울였다.

조동성 총장은 특히 유학생에 대한 전반적 관리는 교육 국제화 인증제와도 연관된 문제여서 학교 차원에서 세심한 접근이 필요하다고 강조하고 구체적인 지원책을 지시했다.

이에 따라 인천대는 입학본부 산하 국제지원센터가 컨트롤타워가 되어 외국인 유학생을 종합적으로 관리하고 있다.

구체적으로 국제지원센터는 인천대 학생 자치기구인 국제학생회를 활용하여 외국인 유학생들의 학교생활 적응을 적극적으로 지원하고 있다. 봄 학기와 가을 학기에 정기적으로 한국문화체험 행사를 통해 유학생들이 한국문화에 적응하게 하고, 한국사회에 녹아들 수 있도록 유도하고 있다.

국제지원센터는 또 홈페이지를 활성화하여 카카오톡 플러스를 통한 일대일 상담창구를 운영하여 유학생들의 궁금증과 고민을 해소시켜 주고 있다. 유학생들은 학업성적에서 학과 생활 적응, 졸업 후 진로 문제에 이르기까지 다양한 고민을 상담을 통해 하나씩 풀어가고 있다.

국제지원센터는 이와 함께 언어가 부족한 유학생들에게 한국어 보충수업을 제공하고, 멘토링과 버디프로그램을 통해 전공수업을 따라갈 수 있도록 적극적으로 지원하여 중도탈락률을 안정적 수준으로 낮추는 데 많은 노력을 기울이고 있다.

조동성 총장은 여기에 만족하지 않고 체계적인 유학생 관리를 위해 교수와 직원이 직접 참여하는 명절 홈스테이 제도를 도입했다.

명절이면 갈 곳이 없어 쓸쓸히 보낼 수밖에 없는 외국인 유학생을 위해 교직원의 자택에서 명절을 함께 보내며 한국명절을 만끽할 수 있는 명절 홈스테이를 활용하여 외국인 유학생들과의 문화교류의 장을 열었다는 평을 받고 있다.

2019년 추석에 처음 시작한 이 프로그램을 통해 외국인 유학생 4명이 인천대 직원 집에서 하룻밤을 함께 보내며 한국의 추석문화를 경험했다.

당시 외국인 유학생과 명절을 함께 보낸 감사팀 박미선 선생님은 "타국에서 쓸쓸한 명절을 보내야 하는 외국인들에게 한국의 대표적인 명절인 추석의 의미를 느끼게 해준 좋은 기회였다."라며 긍정적으로 평가했다.

총장이 결재하는 모든 공문에 한/영문 병기

조동성 총장은 국제화의 첫걸음은 대학교 공문 작성에서부터 시작해야 한다고 판단하여 총장의 결재가 필요한 문서에는 반드시 영어를 병기하도록 했다.

공문의 한/영문 병기 조치에 처음에는 낯설어하고 불편함을 호소하는 직원들이 많았다. 공문이라는 특수한 형식의 한글 문서를 영어로 번역하기도 쉽지 않았다.

하지만 한/영문 병기는 두 가지 면에서 대학에 긍정적인 나비효과를 불러

왔다.

 첫째는 직원의 외국어 능력 향상이다. 공문 작성에 영어를 병기하기 위해서는 영어단어와 문장에 대한 공부가 필요했고 이는 자연스럽게 직원 선생님들의 영어에 대한 관심을 높이고 실력 향상으로 이어졌다. 한/영문 병기 조치 이후 영어책을 사는 직원 선생님들이 늘었고 단어와 문장에 대한 공부를 통해 직원 선생님들의 영어 실력이 늘어나는 긍정적 효과를 가져왔다.

 둘째는 공문의 명료화다. 공문을 한글로만 작성하던 시절에는 불필요하게 어려운 한자단어와 이해하기 쉽지 않은 난해한 문장들이 많았지만 모든 문장을 영어로 번역하다 보니 한글 공문 작성 과정에서부터 쉬운 단어, 간결하면서도 뜻이 분명히 전달되는 문장구조로 바뀌게 됐다는 것이다.

 이에 따라 한/영문 병기 조치 이후 공문은 이전보다 분량이 줄었지만, 의미전달은 더 분명해지는 긍정적 효과를 가져왔다.

 시행 초기에는 한국어와 영어뿐 아니라 중국어까지 3개 국어 병기를 계획했으나 중국어 공문 작성은 어렵다는 의견이 많아 한/영문만 병기하게 했다.

 비서실 안희수 선생님은 "처음에는 영어로 공문을 작성하는 것이 불편했지만, 시간이 지나고 보니 영어 작문 실력이 많이 늘은 것 같아 뿌듯하다."며 소감을 밝혔다.

 조동성 총장은 한/영문 공문 병기를 계기로 행정영어 책을 제작하도록 했고 2020년 7월이면 인천대 자체 제작 행정영어 책이 출간될 예정이다. 이 작업은 비서실 박종윤 선생님이 맡아서 진행 중이다.

외국인 등록금의 5배 상향 조정

조동성 총장은 ① 우수 외국인 유학생 유치에 '학비'를 높이더라도 '교육의 질'을 높이는 것이 더 중요하다고 판단, ② 국립대학으로서 국가에서 지원받는 국고 재정지원예산은 국내 학생에게 돌아가야 한다는 판단하에 외국인 유학생 등록금 인상 검토를 지시했고, 그 결과 연 400만 원 수준의 등록금이 연 2,100만 원(영어트랙 기준) 수준으로 인상되었다.

인천대가 외국인 등록금을 대폭 올린 것은 두 가지 문제 인식에서 출발했다.

첫째는 세금을 내는 한국인과 세금을 내지 않는 외국인에 대한 형평성이다. 미국, 호주 등 대부분 국가에서는 학생 부모가 세금을 내느냐 안 내느냐의 차이로 자국민과 외국인 사이에 상당한 등록금 격차를 두고 있다.

실제 미국에서는 내국인 등록금 In-State Tuition Fee 에 비해 외국인등록금 International Tuition Fee 은 최대 5~6배 차이를 두고 있다.

둘째는 공부할 의지가 있는 양질의 외국인 학생을 선발하여 이들에게 최상의 교육을 제공하자는 취지이다.

등록금이 대폭 올라가면 학업능력이 떨어지는 학생들은 성적부진 시 등록금 전액을 부담해야 한다는 우려로 인해 지원 자체를 꺼릴 수밖에 없다. 자연스럽게 인천대에 입학하는 외국인 학생의 수준과 질은 높아질 수밖에 없다.

등록금 인상 이후 외국인 학생들의 평점평균은 2.97로 등록금 인상 이전의 2.76보다 더 높아져 등록금 인상으로 인한 효과를 확인할 수 있다.

이는 등록금 인상 조치 이후 양질의 유학생이 입학하게 됐고, 이들이 입학 후에도 더 좋은 성적을 받기 위해 노력하고 있음을 반영하는 수치이다.

조동성 총장은 "등록금 인상은 외국인에게 등록금을 올려 받되, 더 높은 수준, 양질의 교육을 제공하자는 취지에서 출발했는데, 등록금 인상에 따른 긍정적 효과가 가시화되고 있다."고 말했다.

Net Price Calculator에 의한 장학금 산정방식의 채택

인천대는 외국인 등록금 인상으로 자칫 위축될 수 있는 개발도상국 출신 외국인 유학생의 입학을 장려하기 위해 하버드 대, 스탠퍼드 대에서 사용하는 'Net Price Calculator'를 도입했다〈표 4〉. 인천대의 Net Price Calculator 산식에 따라 부모합산소득 연 4만 달러 이하인 유학생은 입학하는 첫 학기의 등록금을 100% 면제받았다.

Net Price Calculator 산식에 따른 재정장학금은 입학 후에도 일정 수준 이상의 성적을 유지하면 4년 내내 받을 수 있도록 설계되어 있다.

미얀마 출신 민트 코코 유학생은 "인천대는 외국인 등록금이 타 대학에 비해 높지만, 장학금 제도가 세심하게 짜여 있어 입학에서부터 졸업까지 공부만 열심히 하면 등록금에 대한 부담 없이 학업을 마칠 수 있다."라고 Net Price Calculator 장학제도를 긍정적으로 평가했다.

일본인 가미무라 나야카 유학생은 "인천대는 성적장학금〈표 5〉을 비롯해 가정 형편을 배려한 재정장학금에 이르기까지 장학금 혜택이 다양하다."라면서 "외국인 유학생의 다양한 상황과 실정에 맞게 맞춤형으로 장학제도를 만들었다고 생각된다."고 말했다.

인천대는 여기에 그치지 않고 인천대 한국어학당 졸업생이 본교에 지원할 경우 입학 시 등록금의 70%를 감면해 주고, 입학 후에는 성적에 따라 폭넓은 장학혜택〈표6〉을 제공, 한국어학당에서 공부하는 연수생들로부터 호평을 받고 있다.

		100%	100%	100%	80%	80%	60%	60%	40%	40%	40%
		3만↓	3만~4만	4만~5만	5만~6만	6만~7만	7만~8만	8만~9만	9만~10만	10만↑
가족2	대학생1	100.00%	100.00%	80.00%	80.00%	60.00%	60.00%	40.00%	40.00%	40.00%
가족3	대학생1	100.00%	100.00%	80.00%	80.00%	60.00%	60.00%	40.00%	40.00%	40.00%
	대학생2	100.00%	100.00%	80.00%	80.00%	80.00%	60.00%	60.00%	40.00%	40.00%
가족4	대학생1	100.00%	100.00%	100.00%	80.00%	80.00%	60.00%	60.00%	40.00%	40.00%
	대학생2	100.00%	100.00%	100.00%	80.00%	80.00%	80.00%	60.00%	60.00%	40.00%
	대학생3	100.00%	100.00%	100.00%	80.00%	80.00%	80.00%	60.00%	60.00%	40.00%
가족5	대학생1	100.00%	100.00%	100.00%	80.00%	80.00%	80.00%	60.00%	60.00%	40.00%
	대학생2	100.00%	100.00%	100.00%	100.00%	80.00%	80.00%	80.00%	60.00%	40.00%
	대학생3	100.00%	100.00%	100.00%	100.00%	80.00%	80.00%	80.00%	60.00%	40.00%
가족6	대학생1	100.00%	100.00%	100.00%	100.00%	80.00%	80.00%	80.00%	60.00%	40.00%
	대학생2	100.00%	100.00%	100.00%	100.00%	100.00%	80.00%	80.00%	60.00%	40.00%
	대학생3	100.00%	100.00%	100.00%	100.00%	100.00%	80.00%	80.00%	60.00%	40.00%
장학금 지급 구간		100.00%					80.00%		60.00%	40.00%

표 4 Net Price Calculator

신입생				재학생	
TOPIK	IELTS	TOEIC	TOEFL (iBT)	평균평점	장학금
6급	7.0	800	94	4.0 이상	등록금의 100%
5급	6.5	750	87	3.6 이상	등록금의 85%
4급	6.0	700	82	3.2 이상	등록금의 70%

표 5 성적 장학금

신입생	재학생	
장학금액	직전학기 평균평점	장학금액
등록금의 70%	4.0 이상	등록금의 100%
	3.6 이상	등록금의 85%
	3.2 이상	등록금의 70%
	2.7 이상	등록금의 50%

표 6 INU어학센터(한국어학당) 대상 입학 및 성적 장학금

외부기관과 MOU 체결

인천대의 국제화 전략 추진 과정에서 빼놓을 수 없는 것이 한국 주재 외국 외교관, 국내 명예영사, 세계군인체육연맹CISM, 대한무역투자진흥공사KOTRA 등 굵직한 외부기관과 MOU Memorandum of Understanding를 체결하여 양질의 외국인 학생들을 추천받았다는 점이다〈표 7〉.

조동성 총장 취임 이후 가장 먼저 한국 주재 외국대사관들과 MOU를 맺고 대사들에게 매년 자국의 우수 학생을 1명씩 추천할 기회를 부여했다.

인천대는 대사의 추천을 받은 유학생에게 첫 학기 100% 장학금 혜택을 주어 우수 외국학생들이 학비에 대한 걱정 없이 한국에서 공부할 수 있는 길을 열어주었다.

2019년 첫해 26개 대사관과 MOU를 맺었는데 우수 학생 추천제도에 대한 긍정적 평가가 주한 외교관 사이에서 확산되면서 인천대와 MOU를 맺기를 희망하는 대사관이 늘어나고 있다.

코로나19로 본국정부의 승인이 늦어지고 있지만 2020년 말까지는 인천대

와 MOU를 맺는 국내 대사관 수가 40여 개로 늘어날 것으로 기대되고 있다.

인천대는 또 국내 148명의 명예영사, 세계군인체육연맹(CISM) 회원국 회장 138명에게 주한 대사관과 마찬가지로 매년 우수 학생 1명 추천권을 부여했다. 특히 명예영사 추천제도는 부유하지 못한 국가를 대표하는 명예영사들에게 큰 호응을 얻어 몰타와 트리니다드 토바고 등 한국에서 찾아보기 힘든 국가 출신 유학생들도 인천대에서 수학할 수 있게 되었다.

인천대는 또 2020년 6월 현재 대한무역투자진흥공사(KOTRA) 84개국 127개 해외무역관으로부터 인재를 추천받는 MOU를 체결 중에 있다.

이 같은 외부기관 우수 학생 추천제도는 기존에 중국과 몽골 등 특정 국가 유학생 의존도가 높았던 인천대에 유학생 국가 다변화라는 긍정적 결과를 가져왔다는 평가를 받고 있다.

순번	입학학기	성명	국적	비고
1	2018-2학기	니콜 ***	몰타 공화국	주한 몰타공화국 명예영사 추천
2	2018-2학기	닐리시아 **	트리니다드 토바고	주한 트리니다드 토바고 명예영사 추천
3	2018-2학기	크리스티안 ****	파라과이	주한 파라과이 대사 추천
4	2019-1학기	생 ****	캄보디아	주한 캄보디아 대사 추천
5	2019-1학기	페르난데스 ****	멕시코	멕시코 명예영사 추천
6	2019-1학기	아크 ***	우즈베키스탄	주한 우즈베키스탄 대사 추천
7	2019-2학기	쉐랍 **	부탄	부탄 명예영사 추천
8	2019-2학기	베네 **	앙골라	주한 앙골라 대사 추천
9	2019-2학기	가르 ***	페루	주한 페루 대사 추천
10	2019-2학기	코피 ****	가나	세계군인체육연맹(CISM) 추천

표 7 주한외국대사관, 명예영사, CISM 추천을 통해 입학한 외국인 학생

한국어학당 확대 운영

조동성 총장은 안정적이고 지속적으로 외국인 유학생을 유치하기 위해서는 한국어학당의 활성화가 필요하다고 판단했다.

실제 서울 주요 대학들의 외국인 유학생 유치 채널을 보면 대학교가 운영하는 한국어학당 연수생이 전체 입학생의 50% 이상을 차지하고 있는 것으로 나타났다.

이는 한국어학당이 연수생을 안정적으로 확보하면 이들이 한국어학당 졸업 후 본교로 진학하는 선순환 구조를 만들 수 있다는 확신을 심어주었다.

이에 따라 인천대는 2018년부터 한국어학당을 확대 운영하는 방안을 강구했다. 기존 중국과 몽골, 이란 외에 베트남과 우즈베키스탄 등 새로운 국가를 대상으로 한국어학당 연수생을 모집해 나갔다.

이런 노력 덕분에 한국어학당 연수생은 2017년 400명 수준에서 2019년 2,000명까지 숫자가 5배 규모로 늘었다.

이들이 한국어학당을 졸업하는 2020년 가을학기부터는 본격적으로 인천대 본교에 지원하는 연수생이 늘어날 것으로 기대되고 있다.

다만 이 과정에서 베트남이라는 특정 국가에 대한 의존도가 지나치게 높아지고 일부 검증되지 않은 유학채널을 통해 들어온 연수생 일부가 학업 대신 돈을 벌기 위해 불법체류를 선택한 것은 인천대 국제화 노력에 찬물을 끼얹는 불행한 일이라고 할 수 있다.

하지만 인천대는 이같은 일부 부작용에도 불구하고 대학의 생존과 지속가능한 발전을 위해서는 국제화 전략을 포기할 수 없다는 판단하에 그동안 추진과정에서 드러난 일부 문제점들을 개선하여 계속해서 국제화 전략을 추진해나갈 계획이다.

* * *

조동성 총장은 "우리가 갖고 있는 스마트폰이 정상적으로 구동하기 위해서는 내부에 있는 수천 개의 제품이 유기적으로 작동해야만 한다."며, "이처럼 인천대의 수많은 전략과 프로그램이 '국제화'라는 하나의 목표를 가지고 유기적으로 협력하고 있으며, 인천대가 국내 최고의 글로벌 캠퍼스로 거듭나는 날까지 최선의 노력을 다할 것"이라고 덧붙였다.

사례작성자 박종윤, 성지희, 신경욱, 안희수, 조동성, 최준영, 황재휘
혁신사례 실행을 위해 참여한 구성원 가미무라 나야카, 고덕봉, 김환식, 민트코코, 박미선, 백종숙, 이상준, 제임스 레이몬드, 조지민

Innovation project

04 민족대학의 소명, 독립유공자 발굴
05 대학혁신을 주도하는 주체를 넓히다
06 국립 인천대학교 바이오융합 연구
07 인천시민 만 명 유전체 프로젝트
08 통일통합(Unification & intergration)연구
09 다양한 학문이 융합되는 중국 일대일로 통합연구
10 기후환경 국제협력 연구클러스터
11 스마트시티 국제 심포지엄 개최 및 연구 교류 세미나
12 INU 연구클러스터 조성사업(빅데이터 실증 연구클러스터)
13 필독교양도서 읽기
14 새로운 산업혁명의 시대, 우리는 어떻게 우리의 학생들을 도울 것인가?
15 신규 인천대학교 편입학전형 창업경력자 우대
16 청렴에서 시작한 사업을 혁신으로 세운 대학 MRO 사업
17 문서의 한글, 영문 병기로 대학의 글로벌 경쟁력 강화
18 글로벌 아시아 · 창업 · IT 도서관 건립

2부
인천대학교 혁신 프로젝트

개별사례

민족대학의 소명, 독립유공자 발굴

#가치관의 혁신 #국내 최초

독립의 역사를 담다

"우리의 역사와 민족을 안다는 것은 우리 스스로 인정과 자존을 지키기 위한 첫 발자국입니다. 외국으로부터 숱하게 침략을 받아온 우리나라에는 그만큼 국가를 지키고 독립을 되찾기 위해 목숨을 바친 독립유공자가 많습니다. 독립유공자 발굴 및 포상은 국가보훈처를 중심으로 진행되어 오고 있지만, 누군가 해야 하는 일임에도 불구하고 아직도 수많은 독립유공자가 발굴되지 못하고 있습니다. 특히 힘없고 연고 없는 의병들과 여성독립운동가들은 우리 역사에서 무관심과 방관을 통해 잊혀져 가고 있습니다. 전국 41개 국립대학교를 포함하여 400여 개 대학 어디에도 독립유공자를 발굴하는 연구기관이 없는 실정입니다. 인천대학교에서는 독립운동사연구소를 설립하여 독립유공자를 꾸준히 발굴하고 민족대학으로서의 가치를 실현하겠습니다."

정부건 민간이건 따지지 말고 우리 민족이 독립을 찾고 번영을 구가하는 데 대한 민족적 책무로 수행해야 하는 일임에도 불구하고 어떤 기관에서도 구심점이 되어주지 못하고 있다고 생각한 조동성 총장은 인천대학교가 민족대학의 가치를 실현하기 위한 출발점으로 독립유공자 발굴을 계획하였다.

조동성 총장은 취임 후 구성원들과의 역점사업 설명회를 가지며 통일중심대학 및 민족대학으로의 장기비전을 꾸준하게 제시해왔다. 이 같은 배경에는 조동성 총장의 왕고모(아버지의 고모)가 안중근 의사의 어머니 조마리아 여사인 이유도 있었다.

조동성 총장은 민족대학으로서 인천대학교가 할 수 있는 일이 없는지 고심해오던 차에 인천대학교 법인 이사장으로 취임한 최용규 전 국회의원으로부터 독립유공자 관련자료 연구에 평생을 바친 의병연구가 이태룡 박사를 소개받게 되었다. 이 박사는 다시 여성독립운동가 연구 전문가인 이윤옥 박사를 인천대에 소개하여, 두 전문가로 구성된 인천대학교 인천학연구원 독립운동사연구소가 개소되었다.

독립운동사연구소가 발굴하고자 하는 독립유공자는 의병 30만 명(순국·부상 10만 명, 투옥 5만 명 등), 3·1만세의거 202만 명(순국 7,509명, 부상 15,961명, 투옥 46,948명 등), 독립군·광복군 10만 명(순국·부상 2만 명, 투옥 1만 명 등), 국내 반일 2만 명(순국·부상·투옥 5천 명 등)에 이른다. 하지만 2020년 3월 1일 기준, 독립운동 포상자는 총 15,931명(의병 2,648명, 3·1운동 5,479명, 국내 반일

3,515명, 임시정부 1,219명, 만주·연해주 2,423명, 기타 646명)에 불과하다. 그럼에도 포상 실태는 미미하다. 그 이유를 이태룡 박사는 두 가지로 요약했다.

"첫째, 재판기록 공개가 아직도 미진한 상태입니다. 의병의 경우 5만여 명 투옥자 중 1,500여 명, 3·1만세시위의 경우 약 5만 명 투옥자 중 3,000여 명, 국내 반일활동 및 광복군(독립군)의 경우 1만 5천여 명 투옥자 중 1,300여 명의 재판기록만 공개된 상태입니다.

둘째, 주요 재판기록 속에 나오는 인물조차 포상이 제대로 이루어지지 못하고 있습니다. 예를 들어 유관순 열사 판결문 속 "피고 조인원, 유관순, 유중무를 각 징역 3년에 처하고, 피고 김용이, 조병호를 각 징역 2년 6월에 처하고, 피고 김상훈, 백정운을 각 징역 1년 6월에 처하고, 피고 조만형, 박제석을 각 징역 8월에 처한다."라는 판결문 속의 '김용이', '박제석'은 아직도 포상이 안 된 상태입니다. 또한 광주학생사건 주모자(기차 안의 첫 행위자) 판결문을 보면, "피고인 김향남, 이형우 및 동 김안진을 각 금고 8월에 처한다. 피고인 최상을, 동 김흥남, 동 김동섭, 동 송만수 및 동 김삼석을 각 징역 6월에 처한다. 피고인 강미섭, 동 느병주, 동 김용내, 동 민남8, 농 괴대구, 동 김보섭 및 동 김상환을 각 금고 6월에 처한다. 피고인 김병기를 징역 4월에 처한다. 피고인 김무삼, 동 정석규, 동 윤찬화, 동 김대원, 동 박석훈, 동 윤재병 및 동 김용준을 각 금고 4월에 처한다."라고 되어 있으나, 이 중 '김안진', '최상을', '김용대'는 아직도 포상이 안 된 상태입니다."

이태룡 박사는 우리나라 최초로 『한국 의병사』(상·하) 등 38권의 단행본을 집필하고 1,700여 명의 독립유공자를 발굴하여 포상신청을 한 바 있는 저명한 의병연구가이다. 평생을 바쳐 독립유공자를 발굴해왔던 이태룡 박사는 "북한에서 재판을 받은 경우는 한계가 있지만, 국가기록원에서 남한의 재판기록조차 아직 70% 이상 공개하지 않아 독립유공자의 공적을 찾는 데 많은 어려움이 있기에 하루빨리 그것이 공개되어야 하고, 국가보훈처에서도 보다 많은 인원을 동원하여 수많은 포상 대상자를 신속하게 심의해 주기를 간절히 요망합니다."라며 독립유공자 발굴 방향을 제시하였다.

최용규 이사장은 "인천대학은 민족정기를 바로 세우기 위해 국내의 각종 기록이나 판결문은 물론, 장차 연변대학과 연계하여 독립유공자의 행적을 발굴하여 포상을 신청할 예정입니다. 지속적인 독립유공자 발굴을 통해 인천대학교가 민족정기를 바로 세우는 민족대학으로의 가치를 실현하고자 합니다."라고 말했다.

본격적으로 독립유공자를 발굴하고자 중국학술원 원장이었던 이갑영 교수를 연구위원으로 초빙하였다. 그는 "인천광역시와 경인 지역, 더 나아가 국가 발전을 이끌 수 있는 실질적인 연구에 중점을 두고 의병과 함께 조국 광복을 위해 목숨을 바쳤던 독립유공자를 발굴하는 일에 한층 심혈을 기울이겠습니다."라며 다짐했다.

이 같은 성원에 힘입어 2019년 6월, '3·1운동 100주년'과 '제9회 의병의 날'을 맞아 인천대학교는 국가보훈처에 의병 공로자 187명과 의열투쟁 공로자 28명을 포함하여 215명을 발굴, 포상 신청하였다. 대학에서 이렇게 많은 독립유공자를 발굴하여 포상 신청을 한 것은 광복 이후 처음이기 때문에 매우 놀라운 일이었다. 같은 해 8월 15일 제74주년 광복절을 맞아 31만세 의거(3·1혁명) 공로자 372명, 북로군정서 및 국내외 반일투쟁 공로자 133명, 반일무장투쟁(광복군) 공로자 45명을 포함하여 총 550명을 발굴 신청하여 인천대학교의 민족정기를 세우는 일에 기틀을 세웠다.

2020년 4월에는 대한민국 임시정부 수립 101주년을 맞아 737명의 독립유공자를 발굴하여 국가보훈처에 포상을 신청하였다. 구체적으로 살펴보자면, 3·1독립만세시위 유공자 348명과 간도와 함경도·경상도 지역에서 반일활동을 전개했던 정평청년동맹·안동청년동맹 등 반일활동 유공자 234명, 추자도 1·2차 어민항쟁과 제주혁우동맹 등 반일농어민활동 유공자 73명 등 737명이다. 이들 중 10여 명을 제외하고 모두 판결문을 증거자료로 제출했는데, 그 서류가 무려 3만여 장이나 된다.

이번 포상신청 대상자 중에서 눈에 띄는 인물은 전북 장수의 김해김씨와 경남 양산의 김병희(金柄熙)·김교상(金敎相) 부자(父子), 그리고 독립군 소위 출신의 계기화(桂基華) 지사이다. 김해김씨는 호남 연합의병장으로 활약하다가 교수형으로 순국한 전해산(全海山)의 부인이다. 족보나 제적등본에도 이름이 드러나지 않았지만, 남편이 의병장으로 활동하자 일본군경의 모진 압박을 겪었다. 이후 교수형으로 순국한 남편의 유해가 대구감옥에서 전북 장수로 운구되자 장례를 치렀으며, 상여가 집 앞 개울을 건너자 집으로 들어와서 극약을 먹고 자결하는 바람에 남편의 상여가 되돌아와서 쌍상여로 장례를 치른 분이다.

김병희·김교상 부자는 경남 양산의 의병장이다. 이들 부자는 모두 정3품관을 지냈으며, 양산의 거부(巨富)로 동향의 서병희(徐炳熙) 의병부대에 거금 5천 원(당시 2천석 쌀값)을 지원했다. 그리고 사병 형식의 산포수를 중심으로 한 의병을 모집하여 일본군과 격전을 치른 후 피체되어 손바닥을 철사로 꿰어 양산시장에 조리돌림을 당한 후 피살, 순국한 '노블레스 오블리주'를 몸소 실천한 부자이다.

계기화(桂基華) 지사는 독립군 소위 출신으로 1932년 통화현 군관학교를 거쳐 한국인과 중국인 혼성부대였던 요녕민중자위군에 참여하여 일본군과 싸웠고, 양세봉 장군이 이끈 조선혁명군에 참여하여 중상을 입었다. 이후 자신의 삶과 독립군 관련 내용을 정리·기록한 자료는 독립기념관에서 중요기록물로 간행된 바 있었지만, 정작 기록물의 주인은 아직 포상이 안 된 상태이다.

그림 1 위 왼쪽부터
윤귀룡(함북 경성)
장석영(경기 강화)
한경익(북간도)
황금봉(함북 명천) 1차(징역 6월)
황금봉 2차(징역 8년)
황금봉 3차(징역 2년)

그 외 서대문감옥(서대문형무소 전신)을 3차례에 걸쳐 드나들며 10년이 넘게 옥고를 치렀던 함북 명천 출신의 황금봉(黃金鳳) 지사도 이번 포상 신청대상자로 올랐다.

독립운동사연구소 설명회에 참석했던 순국선열유족회(회장 이동일) 임원과 지광회(회장 김기봉) 임원, 독립기념관 서보현·전영복 이사는 이구동성으로 불철주야 노력한 이태룡·이윤옥 박사의 노고에 대해 감사한 마음을 전했다. 지난 1년의 독립유공자 발굴 과정을 지켜본 조동성 총장은 "우리 대학에서 발굴한 독립유공자는 약 1년이라는 짧은 기간 동안 1,500명이 넘었다. 우리 학교에서는 매년 수백, 수천 명의 독립유공자를 발굴하여 민족대학으로 거듭나게 하겠다."고 말하며 앞으로의 독립유공자 발굴에 대한 의지를 표명하였다.

포상신청을 위해 독립유공자 발굴단을 뒷바라지한 인천대학교 조봉래 인천학연구원장은 "국가와 경인 지역 발전을 이끌 수 있는 실질적인 연구에 중점을 두고 독립유공자를 발굴하는 일에 한층 심혈을 기울일 것입니다."라고 말했고, 이윤옥 박사는 "이른바 '일제감시대상인물카드' 속에 나오는 순국선열과 애국지사는 물론, 잘 알려지지 않은 여성 독립운동가 발굴을 위해 심혈을 기울일 것입니다."라고 다짐하였다.

조동성 총장은 인천대가 민족대학이 될 것을 천명했다. "인천대는 독립운동사연구소에서 발굴한 의병들을 비롯한 독립운동가들의 업적을 정부에 포상 신청하는 데 그치지 않겠습니다. 이 과정에서 수집되는 자료를 연구와 교육에 연결시켜 인천대에서 자라나는 젊은이들이 국가의 의미, 독립의 가치, 그리고 우리들의 소명을 깨우치게 하는 귀중한 교과서로 쓰겠습니다. 젊은이들이 우리나라와 우리 사회를 지키기 위한 뜨거운 가슴을 갖고, 우리 주변의 아픈 사람, 어려운 사람들을 돌보는 따뜻한 마음을 길러 사회에 진출할 수 있도록 돕겠습니다. 인천대는 세계화된 대학이 되기 이전에 먼저 민족대학이 되겠습니다."

사례작성자 안희수, 이태룡
혁신사례 실행을 위해 참여한 구성원 이갑영, 이윤옥, 조동성, 조봉래, 최용규

대학혁신을 주도하는 주체를 넓히다

#주체의 혁신 #국내 최초

인천대 미화원 용역근로자 정규직 전환

2016년 7월 29일 조동성 총장의 취임사는 다음과 같이 시작됐다. "인천대가 여러분을 채용한 것처럼, 여러분께서 저를 채용하셨습니다. 여러분이 인천대의 머슴이라면, 저는 인천대의 머슴의 머슴입니다. 여러분의 머슴으로 첫인사를 드립니다."

조동성 총장의 '머슴론'은 인천대학교에서 구현하고자 하는 가치를 보여주는 혁신적인 발상의 전환이었다. 조동성 총장은 취임식 직후 혁신적인 발상을 하나씩 실행에 옮기기 시작했다. 첫 번째 혁신 프로젝트는 '전 구성원이 참여하고 현장이 주도하는 혁신'이었다. 그의 말을 들어보자. "주인이 아닌 사람이 주인의식 owner minded을 가진다고 해서 주도적 자세를 가지는 것은 아닙니다. 진정한 주도적 자세는 오너십 ownership, 즉 소유권에서 나옵니다. 소유권을 가질 때에는 누가 뭐라고 하건 관계없이 스스로 일을 합니다. 이 때는 일이 힘든 일이 아니고 재미있는 일, 신나는 일이 됩니다. 인천대에서 진행되는 업무에 대해서도 그 업무를 맡은 구성원 각자가 업무에 대한 소유권을 갖게 되면, 그 업무에서 좀 더 좋은 성과를 내기 위한 혁신을 스스로 알아서 하게 됩니다."

인천대는 혁신의 시작으로 교수님, 직원 선생님, 조교 선생님들로 이루어진 구성원들에게 각자 맡은 업무에 대한 소유권을 드리면서 대학의 혁신을 실천했다. 같은 맥락에서 대학의 최일선 현장에서 묵묵히 궂은일을 하고 있는 용역근로자인 미화원 선생님들에게도 미화 업무에 대한 소유권을 드림으로써 대학 구성원으로서의 자긍심과 함께 대학 혁신에 동참하는 주체적 역할을 부여해드렸다.

2016년 용역업체 소속으로 근무하던 미화원 선생님들이 임금 삭감 등의 문제로 용역업체와 갈등을 겪고 있는 사실을 알게 된 조동성 총장은 미화원 노동조합에 미화원 선생님 56명의 삭감된 임금 770만 원을 사비를 털어 격려금으로 전달했다. 미화원 선생님들은 이러한 총장의 마음에 감동을 받아 노사분쟁을 종료하는 한편, 격려금 전액을 대학발전기금으로 기탁하는 훈훈한 미담을 남기게 되었다〈그림 1〉. 이 사건은 우리나라 노동조합 역사상 보상을 더 주겠다는 경영진의 제안을 사양하면서 노사분쟁을 끝낸 최초의 사례였다고 한다. 전국여성노동조합의 한 간부는 이렇게 말했다. "많은 대학 및 기관 등과 노사협의를 해 왔지만 이렇게 노사분쟁이 끝난 경우는 처음이었습니다. 인천대학교에서 근무하는 미화원 조합원들이 770만 원을 대학발전기금으로 기탁한 것은 조동성 총장의 마음에 감동을 받았기 때문입니다." 당시 비서실 박종석 비서실장은 "인천대학교에 대한 미화원 선생님들의 사랑을 느끼면서 코끝이 찡해졌습니다."라고 당시를 추억했다.

그림 1 미화원 선생님들의 발전기금 기탁식 장면(2017년)

2017년 7월 정부는 공공부문 비정규직 근로자 정규직 전환 가이드라인을 발표하고 전국의 공공기관에 근무하는 미화원들에 대하여 용역계약이 아닌 직접 고용을 추진토록 안내했다. 조동성 총장은 정부의 방침에 부응하여 인천대학교에서 용역근로자로 근무하는 미화원을 직접 고용하는 것에 대하여 적극적으로 추진할 것을 당부하면서 노사 모두가 윈윈할 수 있는 혁신적인 방법을 찾아달라고 구성원들에게 부탁했다. 관련 부서에서는 직접 고용을 위한 준비를 시작했다.

2018년 5월 직접 고용 전환에 관한 세부적인 로드맵 마련을 위해 관련 부서(기획예산과, 총무팀, 시설과, 기술지주회사, 소비자생활협동조합 등)의 담당자들로 TF팀을 구성했다. TF팀에서는 3가지 직접 고용 전환모델을 설계했다. 첫 번째는 인천대학교 직원으로 채용, 두 번째는 자회사 설립(인천대학교 산학협력단 내), 세 번째는 협동조합 방식(인천대학교 소비자생활협동조합)으로 노·사·전문가 협의체를 구성하여 논의 후 결정키로 했다. 이러한 다양한 방식 중 인천대학교 소비자생활협동조합의 방식은 전국의 어느 기관에서도 실시한 적이 없었다.

미화원 선생님 직접 고용 협의를 위한 노·사·전문가 협의체를 구성할 때, 조동성 총장은 또다시 인천대학교만의 방식을 추구했다. 협의체 구성 시 대학의 주요 구성원인 학생대표가 참여하여 미화원 선생님 직접 고용 전환에 관한 사항에 의견을 제시할 수 있도록 한 것이다. 노·사·전문가 협의체에 학생이 참여한 것은 전국에서도 유일한 사례로 남아 있다.

인천대학교 노·사·전문가 협의체에서는 2018년 5월 구성된 직접 고용 전환 TF팀에서 준비한 직접 고용에 관한 로드맵을 토대로 총 5차에 걸친 본회의와 여러 차례의 실무협의를 거쳤다. 드디어 2019년 2월 28일에는 직접 고용 방법 및 시기 등에 관하여 합의서를 작성했다. 주요 합의 사항으로는 기존 용역계약이 만료되는 시점에 인천대학교의 직원으로 직접 고용하고 정년은 고용상 『연령차별금지 및 고령자고용촉진에 관한 법률』을 적용하여 만 65세로 했다. 또한 용역근로자에서 전환되는 미화원에 대해서는 정년 이후 만 68세까지 계속 근로할 수 있도록 했다.

인천대학교 미화원 근로자 직접 고용 전환 합의는 어려운 재정 여건 속에서도 지역거점대학이자 지역사회의 일원으로서 근로자들의 고용불안 문제를 해소하기 위해 함께 고민하고 노력한 결과였다.

그림 2 미화원 선생님들의 직접고용 전환 합의서 체결식 장면(2019년 2월)

　조동성 총장은 2019년 3월 6일 다가오는 여성의 날을 맞이하여 여권을 향상시키는 자리를 마련하고 대학의 깨끗한 환경 구축을 위해 최일선 현장에서 항상 고생하는 미화원 선생님들의 애로사항을 청취하는 간담회를 실시했다. 간담회에 참석한 최금옥 전 전국여성노조 인천대 미화원분회장과 현 고명임 분회장은 "우리가 인천대 정규직원이 된 것이 믿기지 않는다. 조동성 인천대 총장께 미화원 선생님을 대표해서 감사함을 전한다."라고 말했다. 이 자리에서 조동성 총장은 "보이는 곳과 보이지 않는 곳에서 불철주야 노력하고 계시는 미화원 선생님들의 헌신적인 노고에 대해 진심으로 감사드립니다."며 "세계 100위권 대학 진입을 위해 노력하고 있는 인천대가 되기 위해서 여러분들의 수고가 꼭 필요한 만큼 앞으로도 각자의 자리에서 최선을 다해 주시길 부탁드립니다."라고 당부했다.

그림 3 여성의 날을 맞이하여 미화원 선생님들과의 간담회(2019년 3월)

사례작성자 문광선
혁신사례 실행을 위해 참여한 구성원 고명임, 김경집, 김광열, 박시우, 박형순, 이학금, 임승빈, 전병준, 조동성, 조천순, 최금옥

국립 인천대학교
바이오융합 연구

#연구의 혁신 #세계 최초

바이오산업은 '생물체뿐 아니라 생물체의 유전정보까지 포함하는 유형 및 무형의 바이오 자원을 기반으로 바이오 기술과 IT, NT 융합기술을 활용하여 화학 및 에너지, 의료 농업 등의 분야에서 생산해내는 다양한 제품과 서비스'로 구성된다. 이러한 바이오산업은 건강·식량·환경 분야의 당면 과제를 해결할 수 있는 미래경제의 핵심산업으로 떠오르고 있으며, 우리나라도 핵심원천기술 확보를 위한 전략 분야로 바이오산업을 선정한 바 있다.

이러한 시대적 상황 속에서 바이오산업은 융합을 통한 신기술, 신산업 등의 새로운 부가가치를 창출할 수 있는 4차 산업혁명 주도 분야로 여겨지고 있다. 우리나라는 최근 과학기술정보통신부가 「3차 생명공학육성기본계획(2017-2026)」을 토대로 바이오 육성책을 본격적으로 추진하고 있다. 새

그림 1 4차 산업혁명을 주도하는 대표적 바이오 융합사업 분야(자료: R&D KIOSK, 과학기술정보통신부)

로운 부가가치 창출이 유망한 4차 산업혁명 주도 분야로는 유전자 치료 합성 생물학(유전자분석+공학 융합), 바이오 에너지·바이오 소재(바이오 기술+에너지 융합), BMI(Brain-Machine Interface), 바이오닉스(뇌과학+기계공학), 정밀 의료 디지털 헬스케어(의료정보+빅데이터), 약물전달 바이오 나노로봇(BT+NT) 등의 다양한 융합사업을 들 수 있으며〈그림 1〉, 주요 국가들은 이러한 분야들을 전폭적으로 지원하고 있는 상황이다.

고령화로 인한 만성질환 증가와 다양한 보건의료에 대한 수요가 확대되고 관련 비용 지출이 지속적으로 증가하면서, 이에 대응하는 바이오 시장역시 지속적으로 확대될 것으로 예측되고 있다. 바이오 기술의 급속한 발전은 바야흐로 바이오 산업 시대가 도래하고 있음을 시사하며 OECD는 2030년에는 정보경제 시대가 막을 내리고, 바이오 기술이 인류사회의 경제를 이끄는 바이오 경제 시대가 될 것으로 전망한 바 있다. 다가오는 생명 자본주의 시대가 우리 사회를 어떻게 변화시킬지, 인류가 한 번도 경험해 보지 않은 새로운 패러다임 속에서 과연 획기적인 기회를 찾게 될지, 적절한 대응을 못한 채 도태되고 말지 세계 각국은 다양한 가능성을 모색하며 미래를 향한 준비에 총력을 기울이고 있다.

그러나 현재까지의 바이오융합 연구는 유사 혹은 관련 학문을 중심으로 이루어져 왔으며, 이공계열, 인문사회계열, 예체능 등 학문의 경계를 뛰어넘는 바이오융합 연구는 국내외에 거의 알려진 바가 없는 상황이다. 따라서 현재 정부에서 추진하고 있는 "3차 생명공학육성기본계획"에 의한 4차 산업혁명 주도 바이오융합 사업을 바탕으로 학문의 경계를 뛰어넘어 21세기 바이오 경제 시대를 선도할 창의적이며 독창적인 바이오융합 사업이 절실히 필요한 실정이다.

인천대는 이러한 니즈^{needs}를 바탕으로 미래경제의 핵심산업인 바이오 기술을 기반으로 인문학, 사회학, 교육학, 경영학, 경제학, 예술, 체육학, 공학, 의학 등의 다양한 학문 영역과의 융합을 통한 미래 바이오 기술에 대한 새로운 지평을 제시할 수 있는 미래지향형 연구 및 교육을 육성하고자 2018년에 바이오융합 연구를 공모했다. 이러한 창의적 접근은 조동성 총장의 제안으로 비롯된 것으로 바이오 전문가가 아닌 다른 학문 분야의 교수들이 제안하는 바이오융합 연구를 바이오 전문가들이 경청하여 새로운 가능성을 도출해 내는 것이 원래 취지였다. 그러나 교내 교수들에게는 이러한 혁신적인 시도가 통상적인 인접 학문 간의 바이오융합 연구 결과를 발표하는 것으로 전달되어 원래 취지가 다소 희석된 아쉬움이 있었다. 특히 처음 공모가 공지되었을 때 교수들의 호응이 매우 적어 재차 공지되는 과정이 있었다.

김정완 원장님도 이에 크게 관심이 없이 지나쳐 버리고 있었는데, 2018년 어느 여름날 오후, 옥우석 연구처장의 전화를 받았다. "11월에 INU 바이오융합포럼을 개최하기로 했는데 바이오 분야의 교수님이 담당하여 진행했으면 좋겠습니다. 안순길 생명과학기술대학 학장님과 김정완 융합과학기술원 원장님 중 한 분이 맡아 주시면 어떻겠습니까?" 더운데 고생하시는 옥처장님과 안 학장님의 짐을 덜어드리고자 "학장님도 일이 많아 힘드실 텐데 제가 할게요."라고 흔쾌히 수락했다. 다만, 위의 원래 취지를 제대로 이해하지 못한 채 성급히 일을 맡았던 것이 문제였다. 그러나 일단 맡기로 했으니 일이 되게 하기 위해서 생명공학부의 박경민 교수님께 "바이오융합 연구는 대체로 젊은 교수님들이 많이 수행하고 있거나 도전하게 될 것이니 박 교수님이 공동책임자로 나서서 젊은 교수님들이 많이 참여하고, 주도하는 행사로 만들자."고 제안했고, 늘 모든 일에 협조를 아끼지 않는 박 교수님이 "아! 알겠습니다. 원장님!" 하면서 기꺼이 동의해 주셔서 함께 진행하게 되었다.

이렇게 다소 무모한 융기원장과 모든 일에 최선을 다하는 유능한 젊은 교수가 힘을 모아 교내의 많은 신임 교수님들과 외부 여러 인사들의 참여 속에 2018년 11월 22일 세계 최초로 INU 글로벌 바이오융합포럼을 개최할 수 있었다. 전 세계적으로 유례가 없는 다양한 바이오융합 연구 사례가 30여 편 발표되어 교내외의 많은 관심을 끌었다. 특히 문학에 나타난 미래 바이오 기술의 실현에 대한 빅데이터를 이용한 분석 결과는 획기적인 시도로 평가되었다. 새로운 도전에 대한 부담에도 불구하고 막힌 담을 헐고 용기를 내어 공동연구를 시도한 영어, 영문학자들 및 경영학자 그룹은 인천대학교의 새로운 분야에 대한 도전의 역사에 큰 획을 그은 사례로 그 의미가 매우 크다. 또한, 새로 시도하는 포럼 개최를 위하여 연구혁신팀을 비롯한 많은 행정부서의 지원 및 헌신은 교육 연구에서뿐만 아니라 행정에서도 매트릭스 운영체계의 가능성을 확인할 수 있는 기회가 되었다.

새로운 도전과 모험이었음에도 많은 교내 구성원들 특히 다양한 학문 분야 교수님들의 관심을 끌어내는 데는 역부족이 아니었나 싶었던 제1회 INU 글로벌 바이오 융합포럼은 일회성 행사로 마감되는 것이 아닐까 우려도 되었다. 박경민 교수님은 "교내 교수님들의 관심이 적고, 청중 동원 등 포럼 진행에 어려움이 많아 내년에 또 하기는 어렵지 않을까요?"라면서도 "내년에는 조금 더 일찍 준비를 시작하고, 학문 분야별로 대표를 세워서 같이 해야겠고…" 등 은연중 쉽게 포기할 것 같지 않은 의지를 보이셔서 가까스로 지핀 불씨가 아직 사그라질 때는 아닌가 싶었다.

다행히 뒤를 이어 연구처에서 기획한 연구클러스터 사업의 일환으로 2019년 "바이오융합 연구클러스터"를 구성할 수 있게 되어 지속적인 바이오 융합연구를 개발, 확대 발전시킬 수 있는 중요한 발판을 마련하게 되었고, 이 연구클러스터도 융기원장인 필자와 박경민 교수님이 공동책임자로 이끌게 되었다. 바이오융합 연구클러스터는 제1회 바이오 융합포럼에 참여했던 교수님들 및 포럼을 통해 융합연구에 관심을 갖게 된 분들을 중심으로 매우 쉽게 구성할 수 있었으며, 그 기본적인 구성과 참여연구원은 〈그림 2〉와 같다. 바이오융합 연구클러스터는 14개 전공 분야의 교수님 21명으로 구성되었으며, 대부분의 단대 소속 교수님들이 참여하는, 명실상부 인천대

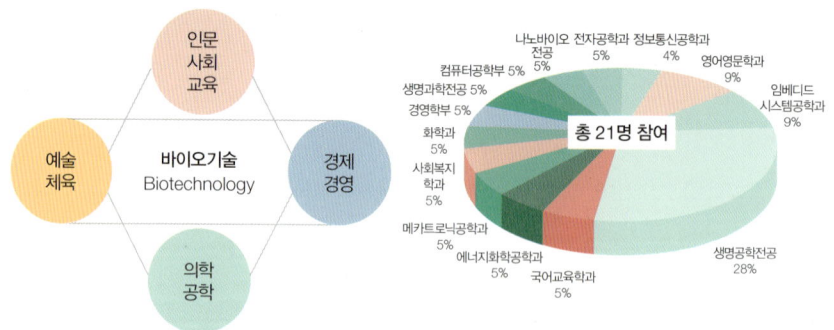

그림 2 학문의 경계를 뛰어넘어 21세기 바이오 경제 시대를 선도할 창의적이며 독창적인 INU 바이오융합 연구클러스터 사업단 구성

학교를 대표할 수 있는 연구클러스터가 되었다.

 이 클러스터는 정부 주도 바이오산업을 바탕으로 학문의 벽을 뛰어넘는 미래지향형 바이오융합 클러스터(바이오-인문/사회/교육, 바이오-경영/경제, 바이오-예술/체육, 바이오-의학/공학)가 되었고, 향후 신개념 다학제 간 융합연구를 통한 미래 바이오융합 기술을 선도할 패러다임을 제시할 것으로 기대된다〈그림 3〉. 또한, 세계 유일의 미래지향형 바이오융합 클러스터를 통해 차별화된 바이오융합 연구 특성화 인프라 확보를 통한 집중연구중심대학Focused Research University으로서 국립인천대학교가 가진 유일한 연구브랜드 정립, 바이오 기술을 선도할 미래지향형 글로벌 전문인력 양성, 미래선도 바이오융합 기술의 티핑 포인트를 제시할 것으로 기대된다. 이 연구클러스터를 기반으로 현재 6개의 융합연구단이 만들어졌고, 2개의 바이오 관련 인재양성 사업단이 4차 BK21 사업에 지원 중이다.

 이러한 기반을 토대로 2019년 8월 20일에는 INU 바이오융합 연구클러스터 사업의 일환으로 제2회 INU 글로벌 바이오융합 포럼이 성황리에 개

그림 3 미래지향형 바이오융합 클러스터

최되었다. 두 번째 행사에는 작년에 이어 새로운 많은 학문 분야의 연구자들이 참여하게 되어 바이오융합 연구에 관한 관심이 더욱 커지고 있다는 점에서 매우 고무적이었다. 특히 이번 포럼은 인천대 캠퍼스를 벗어나 인천대학교, 인천광역시 및 KOTRA 공동주최로 열린 "2019 바이오 인천 글로벌컨퍼런스(BigC 2019)"와 함께 개최되었다는 점에서 그 의미가 더욱 새로웠고 인천대학교가 창의적으로 선도하는 바이오융합 연구사업을 널리 알리게 되는 기회가 되었다. 이와 더불어 인천대학교에서 추진하고 있는 가장 대표적인 바이오융합 연구인 인천시민 유전체 연구사업을 대중에게 홍보하고 관련 내용을 직접 체험할 기회를 제공하는 자리를 마련하여 바이오융합 시대를 향한 초석을 마련했다〈그림 4〉.

제2회 포럼은 262명의 인천대학교 가족들과 인천시민께서 참여해 주셨으며, 세계적인 석학이자 인천대학교 석좌교수이신 김성호 교수님의 기조

그림 4 INU 글로벌 바이오융합 포럼 개최 사진

연설을 비롯하여 30여 편의 바이오융합 연구주제를 발표하고 토론하는 열린 공동체의 장으로 마련되었다. 특히, 제1회 INU 글로벌 바이오융합 포럼을 통해 구성된 연구클러스터 내 융합연구팀의 연구 내용이 발표되었으며, 향후 클러스터 참여 연구원을 비롯한 국내외 연구 인프라의 적극적인 활용을 통해 인천대학교 미래 40년을 이끌 미래지향형 바이오융합 학문 분야를 창출할 수 있도록 노력을 아끼지 않을 것이다. 이러한 노력의 결과 인천대학교 바이오융합 연구클러스터 사업단은 인천광역시의 발전에 기여한 공로로 시장의 표창을 받게 되었으며, 교내뿐만 아니라 외부 인사들도 바이오융합연구에 대하여 많은 관심을 갖게 되었다.

  2020년에도 BigC의 일환으로 바이오융합 포럼을 개최하기로 예정되어 있는데 이제부터는 국제적인 행사로 발전하기 위해 국외 대학들의 참여 및 공동주최도 기획하고 있다. 또한, 바이오융합 연구클러스터에 참여하는 교수들을 중심으로 2019년에 6개 융합연구단이 구성되어 대형 외부과제 수주를 위한 노력을 한 결과 2020년 1개의 연구단이 교육부에서 지정하는 중점연구소에 선정되었고, 또 다른 연구단은 참여연구원이 삼성미래기술육성사업에 선정되는 쾌거를 이루었다. 향후, 지속적으로 바이오융합 연구단을 개발하고 다양한 학문 분야의 많은 교수가 참여한 국내외적으로 전례가 없는 독특한 기능을 할 수 있는 연구센터의 개설 등을 지원할 예정이다. 또한 미래 지향적 연구환경 및 기반을 조성하고 이를 바이오융합 교육에까지 확대 적용하여 다양한 융합 학문 배경을 가진 미래 인재를 양성하는 데에도 기여함으로써 우리나라뿐만 아니라 인류사회를 선도하는 인천대학교의 시그니처 사업이 되기를 기대한다.

사례작성자 김정완, 박경민
혁신사례 실행을 위해 참여한 구성원 구선희, 바이오 융합 포럼 및 연구클러스터 참여 교수진, 박일충, 박정연, 송명진, 옥우석, 이자연, 조동성, 최오수, 최재혁

인천시민 만 명 유전체 프로젝트

#연구의 혁신 #국내 두 번째

 1953년에 James Watson과 Francis Crick이 인류 최초로 유전물질로서의 DNA 구조와 기능을 밝혀낸 이래 유전정보를 파악하고, 그것을 이용하는 기술들이 획기적인 속도로 개발되고 개선되어 1990년대에는 인간이 갖고 있는 유전정보 전체(유전체; Genome)를 분석하기에 이르렀고, 이는 21세기 오믹스^{Omics} 시대를 여는 계기가 되었다. 또한, 그동안 예측 불가능한 속도와 규모로 발전되어 온 정보통신기술은 유전체 분석을 통해 얻은 빅데이터를 저장하고 이용할 수 있는 플랫폼을 제공하여 인간 유전정보의 다양한 활용이 가능해졌으며, 미래 4차 산업혁명을 이끌 새로운 융합기술 분야로 개인 유전체 시장의 급격한 성장과 발전을 예고하고 있다.
 최근 유전자 분석은 기초연구의 수준을 넘어 진단 치료 등 다양한 분야에 적용되고, 더 나아가 개인의 건강과 운동 관리뿐 아니라 우리 생활 전반의 다양한 라이프 스타일 선택에 활용되기 시작했다. 이러한 변화는 유전자 분석이 단순히 연구나 의료 정보라는 차원을 넘어 개인 생활에 다양한 용도로 활용되고 자신의 유전정보를 본인이 직접 관리하고 이해하게 되면서 모든 생활 분야에 다양하게 활용할 수 있는 시대가 열렸음을 말하고 있다.

이에 미국, 중국, 영국을 비롯한 많은 국가가 개인 유전체 정보 확보에 총력을 기울이고 있는데, 2015년 미국 정부는 정밀의료 사업 발표와 함께 향후 5년간 백만 명 이상의 유전체 정보를 분석하여 맞춤의학 등에 다양하게 적용할 것을 선포했고, 영국 또한 2012년 십만 명 유전체 프로젝트를 발표한 바 있다. 중국은 BGI나 Novogene 등 수조 원 이상의 자금을 확보하여 세계 최대의 유전체 해독 시스템을 갖추고 저가의 유전체 해독을 통한 유전자 시장 선점에 큰 역할을 해 오고 있다. 미국의 일루미나 사는 향후 모든 신생아의 유전체 분석을 수행하는 시대를 예측하고, 이를 위한 노력의 일환으로 2014년 천 달러($1000) 전장 유전체 분석을 발표했다. 이는 PC 가격이 천 달러 이하로 낮아지면서 대중화가 급속도로 이루어져 모든 사람의 일상에서 필수품이 된 것과 같은 영향력을 갖게 되었음을 의미한다. 일루미나 사는 2016년 인류 역사상 가장 대규모인 유전자 프로젝트의 하나로 수년 내에 천만 명의 유전자를 스크리닝하여 분석하는 Global Screening Array를 런칭하고, 세계 유전체 사업과 연구에 가장 영향력 있는 12곳과 컨소시엄을 구성했는데, 아시아에서는 최초로 ㈜이원다이애그노믹스[EDGC]사가 선정된 바 있다. 이 컨소시엄을 통해 최단 시간 안에 최대의 통일된 유전자 데이터를 확보하고, 그에 대한 다양한 연구와 응용 애플리케이션을 개발해 본격적인 개인 유전체 시대를 준비하려는 것이다.

최근 전 세계적으로 더 많은 유전자 정보를 확보하여 머신러닝과 인공지능까지 포함한 빅데이터 분석에 의한 신약 개발 및 치료 등 다양한 분야에 적용하려는 부단한 노력을 하고 있으며, 이에 따라 개인의 유전정보가 융합 시대 정보산업의 핵심역량이 되는 생명 자본주의 시대가 열리고 있다. 또한, 유전자 데이터를 활용한 다양한 DNA App이 등장하기 시작했고, 미국 MIT Technology Review는 2016년 10대 혁신기술로 개인의 유전자를 분석하는 DNA App Store를 선정하기도 했다.

앞으로는 더 많은 정보나 다양한 데이터베이스를 확보하고 있는 국가나 기업이 가장 큰 미래 경쟁력을 갖게 되었으며, 이러한 정보를 장악하고 활용할 수 있는 능력을 갖추어야 세계를 리드할 수 있는 정보 자본주의 시대가 도래한 것이다. 개인 유전체 분석 사업은 빅데이터 정보사업의 핵심으로 2025년경에는 트위터나 유튜브의 데이터보다 훨씬 더 많은 유전정보 자료가 축적될 것으로 예측되고 있다. 미국과 중국의 선도 유전체 기업들은 유전자 정보의 머신러닝을 위해 엄청난 투자와 함께 사업을 확장하고 있다. 현재까지 개인 유전자 정보를 가장 많이 확보한 것으로 알려진 미국의 23andMe 사의 경우, 고객 유전자 데이터의 Virtual Clinical을 통한 신약 개발 정보회사를 신설하고, 구글 생명공학 사업과 연계해 세계 최대의 유전자 기반 제약회사가 되겠다는 야심 찬 발표를 하기에 이르렀다. 이제 4차 산업혁명 시대에 가치 있는 정보나 데이터베이스를 확보하지 못한 기업과 국가는 치열한 세계 정보 경쟁에서 도태될 수밖에 없는 현실이 된 것이다.

우리나라도 이제는 유전정보의 중요성과 전 세계 빅데이터 시장의 선두 대열에 합류하기 위해 혁신을 이루어야 하는 시기가 되었다. 이에 인천대학교는 송도 캠퍼스 길 건너 바로 이웃에 위치한 EDGC의 신상철, 이민섭 공동대표와 함께 세계적인 석학인 미국 버클리 대학의 김성호 교수님을 석좌교수로 모셔 2018년 3월 22일 인천시민 만 명 인간 유전체 프로젝트를 선포하게 되었다. 이는 인천시민 1만 명 유전체와 건강정보 확보를 통해 질병 예측 및 예방을 연구하기 위한 것으로 국내 일반 시민을 대상으로 하는 인간 유전체 분석연구 사업으로서는 울산시에 이은 두 번째 사례이다. 인천대학교로서는 매우 획기적인 기획과 선포였던 이 프로젝트의 진행을 위해 발전기금 100억 원 조성을 목표로 하는 백만 명 만 원 기부 릴레이 운동도 함께 진행되고 있고, 많은 교내외 인사들의 참여로 힘찬 발걸음을 딛고 있다.

인천대학교 인간 유전체 분석 연구 사업을 이끄는 김성호 석좌교수는 "나와 가족이 병으로부터 고통받지 않고, 사회와 국가는 그 비용을 부담하지 않아도 되는 세상을 만드는 것이 꿈입니다."라고 포부를 밝혔다. 또한 "현재

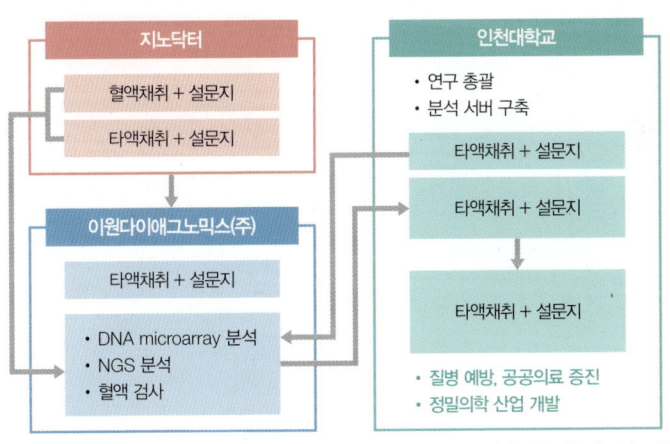

※ 이원다이애그노믹스(주)는 지원기관인 인천대학교의 연구용역을 의뢰 받아 시험하는 연구실시기관임

그림 1 INU 인천시민 유전체 분석연구 사업의 추진 개요

전 세계 유전체 정보가 대부분 백인 위주로 되어 있는데, 이번 한국인 유전체 분석을 통하여 다양한 인종의 유전체 정보를 확보하여 비교 연구, 활용하는 계기가 될 것이라는 점에서 의미가 큽니다."라며 본 사업 결과에 큰 기대를 피력했다. 이 외에도 "순수 한국인의 유전자 연구로 얻어낸 데이터를 활용해 질환을 예방하고, 신약을 개발해 사업화까지 할 수 있는 기회가 될 것이며, 대용량 유전체 정보를 기반으로 머신러닝과 인공지능을 이용한 새로운 분석법을 개발하여 질병 예측, 신약 개발, 치료 등 다양한 분야에 적용할 수 있는 기술을 개발하겠습니다."라고 분명한 목표를 제시했다. 예를 들어 개인의 질병유전자를 확인할 수 있기 때문에 어떤 암에 걸릴 확률이 높은지 추정할 수 있다. 한국인 유전체 연구가 시작되면 지역, 성별, 연령대 데이터가 만들어져 국민의 건강 유지와 질병 치료에 큰 도움이 될 것이며 이러한 유전체 연구를 위해 연구 데이터의 보관, 분석, 해석, 대중 설득 등 다양한 업무를 관계 기관과 공동으로 수행해야 되기 때문에 인천대-EDGC 및 인천 지역의 다양한 기관들과 산학협력의 필요성이 대두되고 있다. 또한 유전체 연구와 상용화를 위한 인프라 구축과 함께 유진체 정보를 활용한 다양한 비즈니스 모델을 보다 적극적으로 개발할 계획이다.

EDGC의 공동대표이고 인천대학교 초빙교수인 이민섭 박사는 "현재 70만 개의 질병 관련 SNP(단일 뉴클리오티드 다형성)를 중심으로 분석되고 있는데, 일부는 유전체 전체를 분석(whole genome sequencing)하고 있으며 자원자들이 제공한 건강검진 결과를 토대로 하는 질병 정보를 종합적으로 분석해 대학의 생명과학 연구, 참가자들의 질병 예방, 신약 개발 등에 활용될 것입니다. 즉, 다양한 질병의 유전적 요인과 비유전적 요인을 인공지능 방법

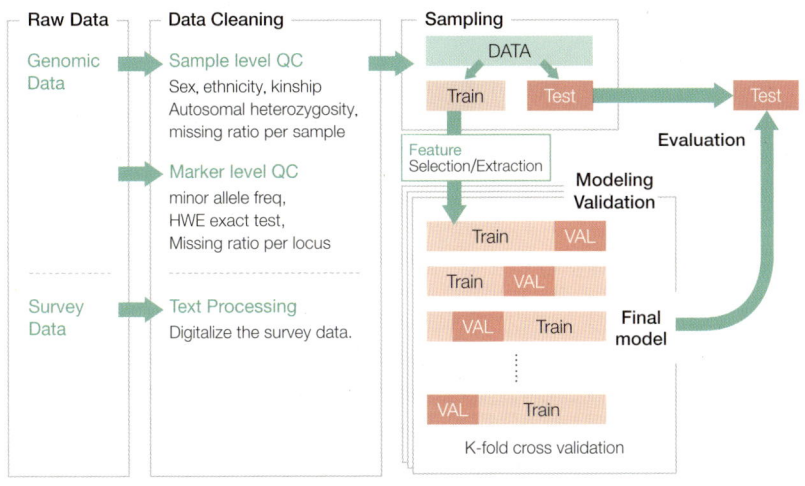

그림 2 INU 인간 유전체 분석 연구사업의 전체적인 연구과정

으로 분석하여 각종 암, 신경질환, 자가면역 질환 같은 만성질병들의 예방과 진단, 그리고 궁극적으로는 치료에 도움이 될 것입니다."라고 인천대 유전체 분석연구에 대한 포부를 밝혔다.

인천대학교의 '인천시민 만 명 유전체 분석연구' 사업은 1년의 준비 기간을 거쳐 2019년 3월 인천대학교 기관생명윤리위원회의 승인을 받아 런칭했다. 2020년에는 1,000명의 유전체 데이터베이스 구축을 목표로 INU 인간유전체 센터의 김병주 박사가 중심이 되어 활발히 사업이 진행되고 있는데, 2019년 말 현재 800명 이상의 자원자들로부터 인체 유래물(타액 혹은 혈액)을 기부 받아 EDGC의 기기를 이용하여 유전체를 분석 중이다. 인체 유래물 확보와 분석, 결과 공지 등을 위해 정태유 학생(생명공학 전공)과 함께 불철주야 수고하고 있는 김 박사는 "인천시민들이 제공한 유전자원은 후손들의 건강과 행복한 삶을 보장하는 위대한 유산이 될 것입니다."라고 이 사업의 소중한 의미를 홍보하고 있다.

  본 유전체 분석 연구 사업에 지원한 많은 시민이 "인천대학교에서 이렇게 멋진 사업을 진행하다니 매우 놀랍고 신기하다."라는 반응을 보이고 있고, 특히 동문들이 앞장서서 자신과 가족의 인체 유래물을 제공할 뿐만 아니라 지원자 모집을 위해 팔을 걷어붙이고 수고를 아끼지 않아 동문들의 저력을 실감하는 계기가 되고 있다. 인천대 생물학과 동문인 공정애 박사는 혼자 170명의 지원자를 모아 본 사업에 큰 힘이 되었는데, "많은 지원자가 유전체 분석 결과를 받아보고 너무 좋아하며 감사의 마음을 전합니다."라며 "인천대학교 동문으로서 자부심을 크게 느낍니다."라고 감회를 전했다. 이러한 사업을 위해 인체 유래물을 제공하는 지원자들을 모집하고 그 시료 및 건강 관련 자료를 관리하는 과정에서 많은 시행착오를 거쳤는데, 이러한 경험이 향후 사업을 효율적으로 운영하는 데 큰 자산이 될 것으로 생각하며 그동안의 수고에 대한 보람으로 느끼고 있다.

  한편, 본 연구 사업이 시작되기 전인 2018년부터 빅데이터 구축을 위한 전용 서버를 구입하여 설치했는데 허진 기획예산처장은 "대학교 서버 업그레이드 예산이 없어 개선을 못 하고 있는 실정임에도 불구하고 이 사업을 우선적으로 배려하여 지원하겠습니다."라고 응원해 주었고, EDGC에서도 8,800만 원을 출연해서 사양을 높일 수 있었다. 이는 향후 빅데이터 연구에 귀중한 자산이 될 것이며, 현재 교내의 빅데이터 연구자들 7명과 이 서버를 공유하고 있다.

  이러한 유전체 연구는 향후 인천의 특화산업인 바이오·헬스밸리 육성에 연결시켜 융·복합 바이오산업으로 성장시켜야 할 것이다. 유전체 분석을 기반으로 하는 바이오 신산업에는 바이오뿐만 아니라 정보, 기계, 전기, 전자, 재료 등의 기술이 융합되고 헬스케어, 사회복지, 마케팅 등 다양한 분야에 영향을 미치게 될 것이며, 예측이 불가능할 정도로 그 범위가 넓다. 유전체 클러스터 조성과 홍보 등 유전체 연구에 대한 인천광역시의 적극적인 지원을 기대하고 있으며, 이를 위해 인천광역시청의 미래산업과와 인천시민 유전체 분석연구에 대한 협력을 논의 중이다. 이러한 지역 유전체 분석연구를 위한 클러스터 구축을 통해 지난 5월 충북 오송에서 열린 '바이오헬스 비전 선포식'에서 대통령이 천명한 '최대 100만 명 규모의 국가 바이오 빅데이터 구축' 계획 즉 K-DNA 프로젝트에 참여하여 인간 유전체 빅데이터를 중심으로 하는 바이오 특성화 대학으로서의 위상을 높였다. 또한, 많은 시민의 자발적 참여로 기부된 소중한 유전자원으로 구축된 유전체 빅데이터는 미래 시민의 행복하고 질 높은 삶을 위한 위대하고 귀중한 유산이 될 것이다.

인천대학교에서 이러한 인간 유전체 분석연구 사업을 하겠다고 선포했을 때에는 해당 분야의 전문가가 교내에 거의 없었고, 아무런 인프라도 갖추지 못한 상태에서 외부 전문가들을 초빙하여 아무도 시도한 적이 없는 대형, 중장기 연구사업을 시작한다는 것이 다소 무모해 보였기 때문에 우려와 비판적 시각이 많았다. 고가의 서버 구입뿐만 아니라 매년 시민 1,000명의 유전체 분석을 위해 큰 예산이 투입되기 때문에 교내 구성원들이 "왜 내부의 많은 구성원이 참여할 수 없는 연구 사업에 이렇게 큰 예산을 배정하느냐?"며 예산을 전체 삭제하거나 "이 사업은 생명 관련 단대의 교수들과도 상관이 없는데, 왜 지원을 하느냐? 지원할 필요 없다.", "남 좋은 일만 시키는 것

아니냐?" 등 의문을 제기하며 어떤 경우에는 공격을 당하는 느낌을 받을 정도로 격한 반응을 보이는 분들이 여전히 있는 것도 사실이다. 따라서 이 연구 사업의 비전을 공유하지 못하는 구성원들의 이해를 구하기 위한 노력이 계속되어야 할 것이고 무엇보다 그 결과로 인정을 받아야 할 것이다. 그러나 염려와 비판과 두려움 속에서도 미래에 대한 기대로 연구처 및 기획예산처 등을 비롯한 관련 부서에서 협조를 아끼지 않았다. 배려와 인내로 꾸준히 추진한 결과 이제는 이에 관련된 전문가들이 채용되어 인력풀이 개선되었다. 교내외 여러 분야의 연구자들이 관심을 보이며 클러스터 구축이 가시화되고 있어 머지않아 인천대학교의 중심 연구 분야로 자리 잡게 될 것으로 기대된다.

그림 3 INU 휴먼프로젝트 선포식

그림 4 INU 휴먼프로젝트 연구책임자 김성호 교수

사례작성자 김성호, 김정완, 이민섭
혁신사례 실행을 위해 참여한 구성원 강동구, 강세리, 공정애, 권형욱, 김병주, 박정연, 서명지, 송명진, 신상철, 안재균, 이재성, 정태유, 최재혁, 허진, 황병희

통일통합(Unification & intergration) 연구

#연구의 혁신 #세계 최초

남북의 평화통일 과제는 미국과 한반도를 둘러싼 중국, 일본, 러시아 등 주변국의 국제 정세에 따라 시시각각 끊임없이 변화를 거듭하고 있다. 따라서 한반도 통일과 관련된 연구는 국제적 정세 변화에 좌우되어 지속성과 일관성을 유지하지 못함으로 인해 체계화되지 못하는 한계를 나타내고 있다.

국립인천대학교 2대 총장으로 취임한 조동성 총장은 2016년 취임 이후 인천대가 지역거점 국립대학으로 국가적 책임과 역할을 수행하고 타 대학과 차별화할 수 있는 여러 가지 정책을 구상하던 중 서울대 총장 후보 시절 학과장 면담 과정에서 만났던 당시 서울대 지리학과 학과장과 보건대학원장의 대화를 떠올렸다.

보건대학원장: "현재 저희는 남북통일 후에 발생할 수 있는 인수 및 공통 질병에 관한 준비를 위한 연구를 진행하고 있습니다. 남북한은 통일 후에 온도 등 기후 환경 차이에 따른 법정 전염병이 발생할 가능성이 상당히 높습니다. 따라서 이에 관한 대비를 해두어야 할 것 같습니다."

지리학과장: "남북한의 지질 체계와 관련한 연구 분야도 많이 소홀한 영역입니다. 지리학과에서는 좀 더 심층적으로 분석해볼 예정입니다."

조동성 총장은 이에 착안하여 인천대학교가 입지한 인천광역시의 지정학적 특수성을 떠올렸다. 인천광역시는 DMZ와 NLL을 경계로 하고 있는 최전선 접경지역이자 남북한 교류협력을 위한 육상 및 해상 통로가 존재하고 있는 지역이다. 또한 인천대는 통일 후에 선도적 역할을 수행할 수 있는 통일 관련 비교우위를 가지고 있는 지역거점 국립대학으로 '통일 후 통합'에 관한 연구 중심 대학으로서의 기반을 다지는 것은 물론 국가적 과제에 기여할 수 있는 큰 잠재력을 갖추고 있다고 생각했다. 따라서 인천내만의 특성화와 세계 변화를 주도할 혁신에 대한 포부를 아래와 같이 밝혔다.

"통일 후 통합에 관한 연구는 그 한계가 없을 것이고, 이는 인천대가 피할 수 없고 인천대만이 해내야 하는 인천대의 미래와 인천의 미래에 직결되는 과제입니다."

이후 인천대학교는 한반도 통일통합을 포함한 주요 '연구 봉우리'를 설정하고, 특히 신임 교원 채용에 있어서도 '통일 후 통합' 연구를 실현하기 위하여 다음과 같은 사전 질문을 했다. "통일 이후를 준비하는 통일 후 통합과 관련하여 본인의 학문 분야를 접목시켜서 인천대학교가 나아갈 방향이나 수행 가능한 연구영역이 있다면 무엇이 있을지 의견을 말씀해 주세요."

아래의 표는 당시 사전 질문에 응답한 신임 교원들이 인천대학교 부임 이후 꾸준히 진행하고 있는 통일통합 관련 연구내용이다.

동북아국제통상학부 정승호	남북지식공유의 교육허브로써 인천대의 역할, 통일 초기 경제정책의 주요 이슈 및 고려사항
일어일문학과 이강원	문화상대주의 관점에서 남북한 주민의 문화·심리 구조 비교연구 및 남북 생활통합 교육·상담의 제도화 방안
중어중문학과 이현태	남북한 이질성 극복을 위한 북한 인력 교육 방안 연구 황해도 전문 인력의 시장경제, 지자체 운영, 기술교육사업을 중심으로
물리학과 한강희	통일 이후 수요 발생 가능성의 2차원 소재(에너지) 관련 개발 연구
물리학과 김정우	북한 연구자들과의 협력을 통한 태양전지 소자의 전산모사 연구, 북한의 다양한 광물자원 활용을 위한 새로운 소재의 개발
소비자아동학과 김우혁	빅데이터 분석을 활용한 남북한 지역의 관광지 개발
에너지화학공학과 김 정	수소경제 & 에너지 혁명 대응 4차 산업혁명에 준비된 융·복합 공학 인재 양성
컴퓨터공학부 백형부	인공위성 제어기술 개발, 무인정찰항공기 제어기술 개발, 남북한 기술 통합 소프트웨어 운영체제에 관한 연구
운동건강학부 고주필	통일 후 사회통합을 위한 체육의 역할 및 방안, 통일에 따른 남북스포츠 체제의 통합에 관한 연구: 엘리트 스포츠를 중심으로
운동건강학부 성호준	스포츠를 통한 평화, 단합, 그리고 경제적 발전에 대한 제언 남북 통합 스포츠 리그의 형성과 경제성에 대한 연구
영어교육학과 김혜영	통합 교육 과정 보급을 위한 멀티미디어 교육 프로그램 개발 연구 남북 학생 간 학업 성취도 차이 연구를 통한 통합 교육 모델 제시
일어교육과 조선영	북한의 한자 어휘에 관한 연구 – 한국어, 일본어, 중국어 한자 어휘의 비교를 통해
체육교육과 유창완	남북한 초·중등학교 체육과 교육과정 재구조화 방안 체육 교원 양성 및 재교육 프로그램 표준화에 관한 연구 남북한 체육교사 축전 추진

윤리교육과 김혜진	통일 후 교육 환경 통합을 위한 대학 교육의 역할 탐구. 남북한 교육통합을 위한 교사 역량 사례 연구
윤리교육과 김윤경	북한의 동양사상 변용과 21세기 화해의 철학 연구
도시건축학과 유영수	북한 고등교육 인프라 구축 사업 – 북한 내 인천대-중국/러시아 대학 합작 대학 설립
중국학술원 정은주	통일 후 한국의 사회적 문화적 시민권에 대한 연구 통합 속 다양성을 지향하는 교육과정 및 커리큘럼에 대한 연구
메카트로닉스공학과 박상인	통일 후 남, 북한 대학의 공학 교육 격차 해소와 관련된 방안 3D 프린팅을 이용한 분산 제조 환경 구축에 관한 연구

인천대의 '통일 후 통합'에 관한 연구는 2017년에 접어들어 또 한 번의 중요한 전환의 시기를 맞게 된다. 2017년 12월 한국, 중국, 북한의 대학들이 참석한 공동 심포지엄이 중국 연길의 연변대학에서 개최되었다. 공동 심포지엄에 참석한 조동성 총장은 연변대학 김웅 총장과 아래와 같은 대화를 나눴다.

김웅 총장: "연변에서는 현재 '통일 전 통합'이 일어나고 있습니다. 특히 훈춘은 그 지역의 특성상 남한과 북한, 중국, 러시아의 교류가 일상화되어 있고, 각국의 통화도 물론 자유롭게 거래되고 있습니다."

조동성 총장: "그렇다면 우리 인천대학교가 현재 연구하고 있는 '통일 후 통합'뿐만 아니라 '통일 전후의 통합'에 이르기까지 포괄적인 관점에서 연구하는 것이 더욱 적절하겠군요."

김웅 총장: "그렇습니다. 연변대학의 관심 있는 교수님들도 인천대 교수님들과 연구 주제를 매칭하여 공동 연구를 한다면 '통일 전후 통합'을 실천할 수 있는 양 대학의 의미 있는 연구가 진행될 수 있다고 확신합니다."

이후 인천대학교는 2018년 4월, 부설 연구소로 '통일통합연구원(원장: 박제훈 동북아국제통상학부 교수)'을 공식 설립했다. 또한 설립과 동시에 북한과 관련한 많은 성과를 축적하고 풍부한 연구진을 확보하고 있는 중국 최고의 연구기관인 연변대학교 조선반도연구센터와 공통 연구주제를 매칭하여 '통일 전후 통합'에 관한 연구와 공동 심포지엄을 개최했다. 연변대와의 공동 심포지엄은 2018년 4월 30일에 개최되었는데, 3일 전인 4월 27일은 판문점 '평화의 집'에서 문재인 대통령과 김정은 국무위원장의 만남이 성사된 역사적인 남북정상회담이 열린 날이기도 하다.

통일통합연구원 박제훈 원장은 이날 심포지엄 개회사에서 "2007년 남북정상회담 이후 11년 만에 갑작스럽게 성사된 회담 직후 개최되는 이번 연변대학과의 공동 심포지엄은 참으로 그 의미가 크고 상징적이라고 할 수 있습니다."라는 소회를 밝혔고, 이 심포지엄에서 두 대학은 매년 상호 방문을 통한 공동 심포지엄을 정례화하고 남북 통합 문제를 논의하는 시의적절하고 의미 있는 성과를 거두었다.

2018년 연변대학에서 열린 두만강 포럼은 인천대의 연구자 20여 명과 강원대, 부산대, 전남대, 충남대 등의 한국 연구진들이 방문하여 열띤 학술 교류의 장을 마련했는데, 특히 이 자리에서 경제학과 이갑영 교수는 "남북관계가 부활하면서 경제교류협력이 예고되는데 이 중 가장 먼저 남북교역을

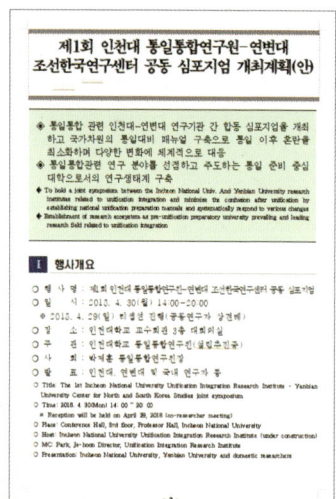 

그림 1 인천대 통일통합연구원-연변대 조선한국연구센터 공동 심포지엄 개최 계획안

주목할 필요가 있다."라며 '민족가격'이라는 새로운 제도장치를 제안하는 인상 깊은 연구결과를 발표했다. 또한 "남북의 모든 영역에서 통일통합에 대한 치밀한 정책과 시나리오가 필요하고 새로운 통합을 위한 정책을 만드는 것이 우리가 해야 할 민족적 과제라고 생각하고 역량을 집중하겠다."는 통일통합 연구에 대한 포부를 밝히기도 했다.

 인천대학교 통일통합연구원은 남북교류 증진 및 한반도의 평화와 통일 실현에 기여하고자 대학 및 다양한 학술기관, 시민단체와의 연구 및 사업 협력 협약을 체결했다. 특히 통일에 관한 연구 및 학술활동을 오랫동안 진행하여 소중한 연구 성과를 축적하고 있는 대표적 연구기관인 서울대학교, 강원대학교, 경남대학교 극동문제연구소 등과의 협약이 대표적 사례이다. 앞으로 연구, 교육, 사업 등에서의 상호 협력 협약을 통하여 타 기관들의 값

공동연구자 및 발표주제
인천대 박제훈 – 연변대 김철수 《한국전통철학의 남북한 및 중국의 해석 비교》
인천대 정진영 – 연변대 최철호 《북한 관광구조 및 대외 관광교류 현황에 대한 탐색적 연구》
인천대 이갑영 – 연변대 최문 《'장마당'을 통해 본 남북교역의 과제》
인천대 유우현 – 연변대 서옥란 《통일 후 남북한 미디어 격차 해소 방안 연구: 북한 주민의 미디어 이용 실태를 중심으로》
인천대 홍기용 – 연변대 박희선 《통일 후 통합으로 인한 기업환경 차이에 따른 회계와 조세의 제도 개선방향》
인천대 조형진 – 연변대 김희걸 《북한과 중국의 농촌 개혁 비교 연구》
인천대 이민철 – 한국전력기술 김영진 – 연변대 권철남 《통일 후 전력에너지 안보를 위한 경제발전 시나리오별 전력수요 전망 및 대책》
인천대 박정훈 – 연변대 김광수 《통일 후 정보통신표준화 방안》
인천대 김홍섭 – 연변대 안국산 《한반도 통일 물류정책 방향 연구》
인천대 우신영 – 연변대 김철준 《남북한 학생들을 위한 공통의 통일 국어 교과서 편찬》

표 1 「2018 두만강포럼」 내 인천대학교 세션 세부일정(2018. 10.12)

진 선제적 연구와 활동을 발판으로 삼아 앞으로의 통일통합 연구에 더욱 박차를 가할 수 있을 것으로 기대하고 있다.

2019년에도 꾸준히 연변대학, 국내 대학 및 연구기관 연구자들과 통일 전후 통합에 관한 다양한 학문 영역에서의 연구를 진행했고, 7월 부산대학교에서는 한국거점국립대학의 연구자들도 참여한 공동 심포지엄, 11월 아시아경제공동체포럼[AECF]에서는 통일통합 별도 분과 세션을 마련하여 연구 중

그림 2 인천대–서울대–강원대 협약식 및 협약서

그림 3 통일통합연구원–극동문제연구소 협약식

간 진행 상황, 연구 결과에 대한 내용을 공유하고 토론하는 자리를 가졌다.

　현재 인천대학교는 통일통합 분야 연구 및 학술정보 관련 인프라가 미흡한 실정으로 시급하게 개선이 필요한 상황이다. 이와 관련하여 통일통합연

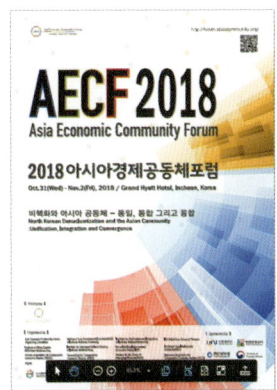
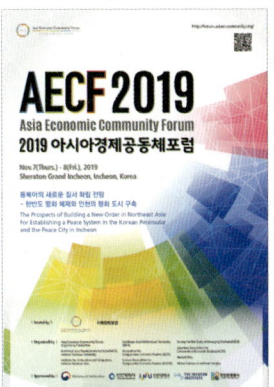

그림 4 아시아경제공동체포럼, 한반도 평화와 통일통합을 위한 준비 세미나

구원 공동연구에 참여하고 있는 무역학부 정진영 교수는 "북한자료 등 특수자료를 이용하는 데 한계가 많습니다. 연구 지원을 위하여 통일부 특수자료 취급과 관련하여 협약을 맺거나 별도 인가를 받아 연구에 필요한 자료를 좀 더 자유롭게 열람, 활용할 수 있도록 학교 차원에서의 연구 지원이 필요합니다."라는 의견을 개진했다. 이는 앞으로 통일통합연구원을 비롯한 인천대학교 차원에서 도서관, 국회 자료실, 통일부 등과의 논의를 통하여 시급

하게 해결해야 과제이다.

조동성 총장은 '통일은 준비되지 않으면 통일 비용이 발생할 것이고, 통일을 준비한다면 통일 기회가 발생할 것'이라는 한 독일 대학교수의 말을 인용했다. 인천대학교 통일통합연구원은 아직 걸음마 단계인 연구소이지만 비약적 연구 성과를 거두기 위한 박차를 가하여, 통일대비 매뉴얼 구축을 통해 '연구중심, 통일중심 특성화 대학'의 위상 구축을 위한 연구기관의 역할을 다할 것으로 기대한다.

사례작성자 권기태, 박선민, 박제훈
혁신사례 실행을 위해 참여한 구성원 강상혁, 권기태, 김상림, 김웅, 김학준, 김홍섭, 나인수, 노영돈, 박선민, 박제훈, 신유아, 신은기, 신은철, 안영효, 우신영, 유우현, 윤기준, 이갑영, 이민철, 이현태, 정승호, 정진영, 정채관, 조동성, 조형진, 주승현, 최병길, 허종완, 홍기용, 홍진배

다양한 학문이 융합되는 중국 일대일로 통합연구

#연구의 혁신 #세계 최초

일대일로 연구클러스터: 한반도의 유라시아 연계를 향한 여정

왜 일대일로인가?

일대일로는 중국의 시진핑 주석이 2013년 9월 카자흐스탄의 나자르바예프 대학에서 '실크로드 경제벨트'를 제기하면서 처음 등장했고, 2015년부터 본격적으로 추진되었다. 중국 정부는 2018년까지 일대일로 참여국에 대해 900억 달러(2018년, 한화 약 105조 3천억 원) 이상을 투자했으며, 2019년 3월 말 기준 125개국과 29개 국제기구가 일대일로 협력 문서에 서명했다. 명실공히 일대일로는 중국이 추진하는 역사상 가장 큰 국제적 프로젝트가 되었다.

그렇다면 왜 우리는 일대일로에 관심을 가져야 하는가? 우선 우리는 중국과 밀접한 관련을 맺고 있다. 경제적으로만 봐도 1992년 수교 이후 한 세대 동안, 한국은 중국과의 무역을 통해 5천억 달러가 넘는 무역수지를 획득했다. 최근의 감소세에도 불구하고 여전히 우리 수출의 약 1/4은 중국이다. 또한, 정치, 문화, 관광 등 모든 방면에서 양국 관계는 역사상 가장 빠르게 성장했다. 과거는 물론, 앞으로도 상당 기간 우리의 번영에서 중국은 빼놓을 수 없는 변수이다. 따라서 한국의 미래 번영을 위해서는 중국의 향후 대외 투자 및 협력과 관련하여 가장 중요한 역점 사업인 일대일로에 대한 이해가 필수적이다. 또한 일대일로는 유라시아를 중심으로 전 세계에 걸쳐 진행되고 있다. 북한을 개방하여 한반도를 유라시아와 연계하기 위해 중국의 일대일로는 반드시 거쳐야 할 경로이다. 남북의 공동 번영과 한반도의 평화를 위해서도 일대일로는 중요한 변수인 것이다.

왜 일대일로 연구 클러스터가 필요한가?

일대일로는 거대한 지리적 범주에 걸쳐 다양한 분야를 포괄하고 있다. 따라서 단편적인 이해와 분과학문에 국한된 연구만으로 일대일로를 제대로 이해하기는 어렵다. 일대일로 연구 클러스터가 필요한 이유다. 중국은 일대일로와 관련하여 6대 경제회랑(六大经济走廊)과 3대 해상통도(3條藍色經濟通道)를 제시하고 있다. 일대일로는 주요 거점지역을 중심으로 국제 인프라를 개발하고, 개별 거점지역의 발전이 다시 경제회랑(Economic Corridor)의 형태로 다른 거점지역과 연결된다. 또한 일대일로의 확장은 공간뿐 아니라 분야별로도 진행되고 있다. 중국은 일대일로의 경로를 통해 개발을 진행하는 과정에서 '5통(五通)'이라는 사업 범위와 '5로(五路)'라는 추진과정의 원칙을 제시했다.

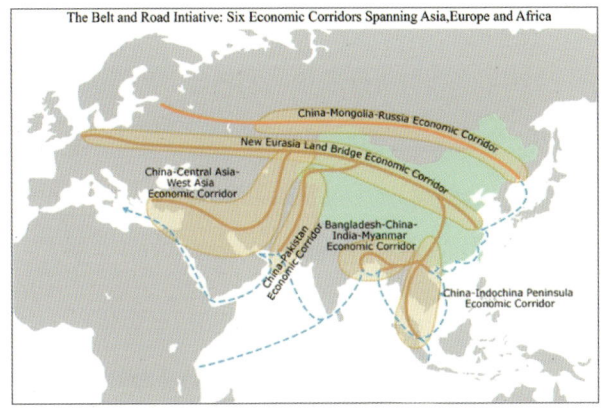

그림 1 6대 경제회랑(Six Economic Corridors)　　자료: HKTC(2018)

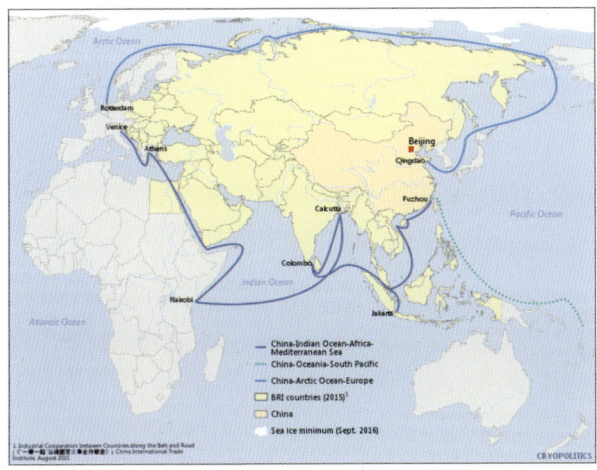

그림 2 3대 해상통도(Three Blue Economic Passages)　　자료: Mia Bennett(2017)

사업범위	5통(五通)	정책소통(政策溝通), 인프라연통(設施聯通), 무역창통(貿易暢通), 자금융통(資金融通), 민심상통(民心相通)
추진원칙	5로(五路)	평화의 길(和平之路), 번영의 길(繁榮之路), 개방의 길(開放之路), 혁신의 길(創新之路), 문명의 길(文明之路)

표 1 일대일로의 사업범위와 추진원칙 – 5통(五通)과 5로(五路)

'사업의 범위'에 해당되는 5통五通에서 '정책소통政策溝通'은 국가 및 국제기구 등과의 협정 체결, UN 등과의 다자 협력이며, '인프라연통設施聯通'은 교통 및 에너지 정책의 형태로 항만, 철도, 도로, 가스관, 통신 등을 연결하는 사업이다. '무역창통貿易暢通'은 경제 및 무역에 해당하는 분야로 경제특구 설립과 일자리 창출 등이 진행되며, '자금융통資金融通'은 투자 및 융자 영역으로 아시아인프라투자은행AIIB, 실크로드펀드 등이 관련된다. 그리고 '민심상통民心相通'은 인문, 교육, 문화, 관광 등의 영역이 포함되어 공자학원, 중의약 센터, 비자VISA 완화 등이 대표적이다. 또한, '사업의 추진 원칙'에 해당하는 5로五路는 평화적 방식으로和平之路, 대외 개방과 혁신을 통해开放之路, 创新之路, 문명의 발전을 추구하고文明之路, 이를 통해 공동 번영이라는 목표繁栄之路를 추진한다고 해석할 수 있다.

이처럼 중국 정부가 제시한 경제회랑 및 5통과 5로 등의 정책 방향을 종합하면, 일대일로는 역내 상호 연결성을 극대화하는 물류, 인프라 등에서 출발하며, 5로五路의 추진 원칙에 근거하여 5통五通이라는 정치, 경제, 무역, 금융, 인문, 교육, 문화, 관광 등 매우 광범위한 영역으로 확장되는 것을 확인할 수 있다.

이러한 일대일로의 확장에 따라서 〈표 2〉에서 확인할 수 있는 바와 같이 국내 학계에서도 다양한 분과학문에서 일대일로 연구가 진행되고 있다. 하지만 아직까지 분과별 연구를 융합하여 일대일로를 총체적으로 이해하려는 시도는 부족하다. 국립인천대학교는 일대일로 연구 클러스터를 통해 이러한 난점을 극복하고, 국내 유일의 종합형, 융합형 일대일로 연구를 진행하고자 한다.

분야	논문 수	분야	논문 수	분야	논문 수
사회과학	36	학제간연구	6	도시학	1
정치외교학	35	러시아	6	농학	1
지역학	24	인문학	5	선교신학	1
중국학	22	문화	4	수산학	1
무역학	16	북한	3	재무관리	1
경제학	10	과학기술	3	정보서비스	1
문학	10	국제관계	2	종교학	1
해상운송학	9	복합학	2	지리학	1
경영학	9	윤리학	2	컴퓨터학	1
법학	7	교통공학	1	통계학	1
역사학	7	군사이론	1		

※ 자료: 2019년 7월 기준 한국학술지인용색인(KCI) 등재 논문(총 230편) 중 '일대일로' 주제어로 검색 및 분야별 정리

표 2 일대일로 주제에 대한 국내의 연구 동향 (2013~2019.07.)

일대일로 연구 클러스터의 사례

■ 일대일로 융합연구 공모

국립인천대학교 중국학술원은 이미 수년 전부터 다양한 분야를 포괄한 클러스터 방식으로 일대일로 연구를 준비해 왔다. 지난 2018년 인천대학교 학내에서 '인천대학교 일대일로 학술연구 공모'를 진행했다. 이는 다양한 전공의 연구진이 함께 참여하는 '학제 간 융합연구 플랫폼'을 시도한 것으로 연구 클러스터를 구성하기 위한 작은 실험이었다. 〈표 3〉과 같이 배출권, 로봇, 블록체인, 과학교육 등 다양한 주제에 걸쳐 인천대학교 내에서 공동 연구와 융합 연구의 경험을 축적할 수 있었다.

학문·전공분야	연구주제
무역학	일대일로는 성공할 것인가?
인류학	일대일로의 문화적 기반: 아래로부터의 분석
행정학	일대일로 정책의 효과와 과제: 아시아 국가의 경험과 시사점
정치학	일대일로는 유효한가? 一帶一路의 地經學과 地政學
경제학	블록체인을 통한 인천시와 중국 주요 도시의 배출권거래제 연계 방안 연구 일대일로의 동진정책과 한국의 참여 방안
문헌정보학	중국 '일대일로' 전략에서 인간과 로봇의 상호작용을 통한 감성 소통
사회복지학	다문화, 문화적 다양성 역량 증진을 위한 중국/한국 사회복지 체계 연구
물류학	한–중 협력의 새로운 기회
물리학	한, 북, 중 과학 분야 미래인재 교류 대회 개최를 위한 기초 연구

표 3 2018년 인천대학교 일대일로 학술연구 공모의 분야별 연구 주제

■ 중국사회과학원과의 협력 관계 구축과 공동 현지조사

일대일로에 대한 장기적이고 체계적인 연구를 위해 인천대학교 중국학술원은 중국의 대표 싱크탱크인 중국사회과학원과의 견고한 협력관계를 구축하고 있다. 특히 학술대회, 공동연구 등의 단순한 차원을 넘어서 일대일로 핵심 지역에 대한 공동 현지조사를 진행해 왔다. 2018년과 2019년 두 해에 걸쳐 중국학술원과 중국사회과학원 중국변강연구소는 육상 일대일로의 중추인 신장위구르자치구 지역의 개발구와 접경 지역을 함께 조사했다. 특히 2019년에는 조동성 총장이 조사에 동행하여 신장대학, 지방정부 등 현지의 핵심 교육·연구기관과의 지속적인 관계를 구축할 수 있었다. 중국변강연구소 싱광청邢廣程 소장은 "중국이 일대일로를 통한 공동발전을 위해 주변 국가와 발전 방향을 공동 모색하는 과정에서 인천대학교 중국학술원을

통해 일대일로 연구클러스터 사업을 알게 되었다. 하나의 대학이 다양한 학문 분야를 통합해 일대일로를 종합 연구하는 사례는 중국뿐 아니라 세계 어느 국가에서도 아직 확인되지 않은 혁신적 사례로 앞으로 국립인천대학교의 연구역량 발전이 너무도 기대된다."라며 두 기관의 장기적인 협력과 관계 심화를 약속했다. 공동 연구의 일환으로 중국학술원은 중국변강연구소의 일대일로 성과를 한국어로 번역하고 있으며, 이러한 양국의 일대일로 연구 성과의 소개와 교환을 계속 진행할 예정이다.

현지 지방정부와의 교류

신장의 개발구 조사

그림 3 중국 사회과학원과의 신장위구르자치구 공동 조사

■ 한반도와 유라시아의 연계 모색

일대일로 연구는 궁극적으로 한반도의 유라시아 연계를 목적으로 한다. 이는 필연적으로 남과 북의 연결을 전제로 할 수밖에 없다. 이에 따라 중국학술원은 한반도의 유라시아 전략을 고민하면서 동시에 북한과의 공동 연구를 모색하고자 한다. 이러한 노력의 일환으로 중국의 연변대학 등을 통해 북한과의 접촉을 도모하고, 궁극적으로 남북 일대일로 공동 연구를 시도하려고 한다. 중국학술원은 2019년 7월 연변대학의 〈한반도 포럼〉에서 북측 인사가 참여하는 일대일로 연구 섹션을 함께 기획하여 남과 북이 처음으로

일대일로라는 주제로 만나는 자리를 마련했다. 향후에도 남과 북의 접촉면을 확대하여 일대일로에 대한 단순한 연구와 참여가 아닌 한반도의 유라시아 연계를 연구하고 고민할 것이다.

그림 4 2019년 〈한반도 포럼〉에서 일대일로를 주제로 만난 인천대학교 중국학술원과 북한 조선사회과학원

"신북방, 신남방 정책은 남북이 하나가 되어 평화를 기반으로 경제 발전을 하는 것인데, 여기에서 중국의 일대일로와 접점이 만들어집니다. 그래서 중국학술원과 인천대학교의 일대일로 연구는 동전의 앞과 뒤와 같습니다."

- 조동성 총장의 중국국제방송 인터뷰 (2019년 4월 27일)

일대일로 연구 클러스터의 발전 방향

　인천대학교의 일대일로 연구 클러스터는 인천대학교의 연구 역량을 융합하여 국내 최초의 종합적인 일대일로 연구기관으로 발전해 나갈 것이다. 이미 구축된 중국 내의 연구와 교류 네트워크를 통해 남과 북의 공동 연구와 한반도-유라시아 연계를 추진하면서 일대일로에 대한 이해와 교류협력을 심화할 것이다. 또한 서해를 통해 중국과 가장 가까이 마주 보고 있으며, 한중 FTA 지방협력의 시범지역인 인천이 대중국, 대유라시아 전략을 수립하는 데에도 공헌할 계획이다. 이를 통해 인천대학교가 지역에 공헌하는 세계적인 중국 특성화 대학이 될 수 있도록 촉진할 것이다.

사례작성자 송민근, 신지연, 조형진
혁신사례 실행을 위해 참여한 구성원 권기영, 김남희, 김부용, 김용민, 김지환, 김호, 나인수, 손승희, 송민근, 송승석, 신지연, 심주형, 안치영, 왕린, 이갑영, 이정희, 이호철, 장정아, 정은주, 정종태, 조동성, 조형진, 채준형

기후환경 국제협력 연구클러스터

#연구의 혁신 #학내 최초

개도국 기후금융 역량강화 국제 워크숍

인천 송도에 녹색기후기금(Green Climate Fund: GCF) 사무국을 유치하기로 결정한 이사회 투표는 2012년 가을로 거슬러 올라간다. 이 결정으로 오랫동안 유럽과 북미에 편중된 환경 관련 국제기구의 지역적 불균형이 해소되었다.

인천대 무역학부 이찬근 교수는 2011년부터 GCF유관산업연구회 대표를 역임했다. 2013년에는 인천대-GCF 공동으로 기후금융 특강 시리즈를 만드는 등, 인천 송도를 기후금융 허브로 만들기 위해 다방면에서 노력을 기울였다. 그중에서도 GCF-한국-개도국을 연결하는 사업은 절실하게 필요한 사업이었다. "이 사업은 모두에게 윈윈입니다. GCF는 기금을 확충하기 위해 한국의 도움이 필요하고, 한국은 기후환경 기술을 개도국에 수출하는 길을 찾아야 합니다. 개도국은 GCF 재원에 접근하기 위해 역량을 강화해야 합니다."

2018년 가을, 당시 GCF 감축적응국Division of Mitigation and Adaptation: DMA의 제리 벨라스케즈Jerry Velasquez 국장은 개도국 역량강화사업의 필요성에 대해 한국이 관심을 가져달라고 요청했다. 이에 동의한 한국정부는 UN기후변화협약(COP 24)에 참여한 인천시 손성환 GCF 자문대사와 윤현모 인천시청 녹색기후 과장을 프랑크푸르트 재무경영학교Frankfurt School of Finance and Management에 보내 벤치마킹을 하도록 했다. 손성환 대사는 귀국 후 이찬근 교수에게 도움을 요청했다. 송도를 기후금융 허브로 만들고 여기에서 인천대가 주도적인 역할을 하는 방안을 고민하던 이찬근 교수는 역량강화사업개발 필요성에 공감하고 있던 인천국제개발협력센터와 함께 기후 전문가 세미나를 두 차례 개최했다. 그 후 10여 개 유관기관 간의 네트워킹 및 협의를 개시하면서 해당 기관들과의 심층 인터뷰를 통해 사업 타당성을 검토했다.

이런 노력의 결과로 기후환경 국제협력 연구클러스터가 탄생했고, 이찬근 교수가 단장을 맡아 본격적으로 사업을 구상하기 시작했다. 그해 여름은 인천대-GCF-KOICA-수도권매립지관리공사-인천시 5자 간의 여러 차례 협의로 뜨겁게 달궈졌다. 협의체에서는 한국이 보유한 기후환경기술과 개도국의 니즈를 결합하여 GCF 펀딩에 도전하자는 공동의 목표를 세우고, 이를 실현하기 위한 전략을 다음과 같이 수립했다.

기존의 역량강화 사업은 일방적으로 개도국에 제도/기술/경험을 소개하는 연수 형태가 대부분이다. 이와 달리 한국과 개도국의 사업추진 담당자들은 일주일간 한자리에 모여 구체적인 사업을 발굴하고, 이 사업을 내세워 GCF 재원을 확보하여 활용하는 프로젝트 인큐베이션 워크숍을 차별화된 전략으로 개발했다. 이 워크숍의 교과과정은 〈표 1〉에 소개되어 있다. 인천시는 이 전략을 2019년 시범사업으로 실시하고, 그 성과를 토대로 2020년 예산에 개도국 역량개발사업을 포함함으로써 이 사업을 정례화한다는 방침을 세웠다.

세션1	개회 및 소개
세션2	GCF 오리엔테이션
세션3	참가국 조별 현황발표
세션4	참가국 조별 회의: 사업화 가능성 초기 진단
세션5	한국의 기술 및 경험: 수도권매립지관리공사 소개 및 현장 견학
세션6	한국 기술과 참가국의 니즈 접목 기회 찾기
세션7	GCF 재원 접근의 구체적 방법론: concept note 작성
세션8	참가국별 concept note 작성 및 사업계획 수립
세션9	참가국별 concept note 및 사업계획 발표
세션10	폐회/수료증 수여

표 1 프로젝트 인큐베이션 워크숍 교과과정 운영안

협의체는 워크숍 기간 중 사업을 구체화하기 위해 학내외 각 분야의 전문가들을 모집하여 연구팀을 꾸렸다. 연구팀은 개념설계, 기술설계, 재무설계, 지배구조설계, 관계망 설계를 위해 외부 전문가들을 섭외했고, GCF는 사업의 성공을 위해 본 행사에 관련 스태프들을 투입했다. 연구팀은 시범사업 주제를 한국이 보유한 기술 중에서 국제적으로 명성이 높고 인천에 대표적 사업이 있는 〈폐기물 처리 및 에너지 전환〉에 집중하기로 합의했다. 한국은 폐기물 수거/반입에 대한 강력한 규제장치가 존재하고, 매립지 방식에 의한 저비용 폐기물 처리가 가능하며, 매립지에서 발생하는 메탄가스를 포집하여 전력으로 전환하는 기술을 사용하고 있고, 해당 매립장을 생태공원으로 전환하는 핵심 역량을 보유하고 있기 때문이었다.

연구팀은 또한 참여 국가 및 참석자 선정에도 세심한 주의를 기울였다. 워크숍 후 사업 추진에 대한 신속한 의사결정이 가능하도록 초청 대상국의 실무자를 초청해야 했기 때문이다. 참가자는 정부대표^{NDA}/국가이행기구^{AE} 대표 중에서 1~2명, 폐기물 관계자^{EE} 1~2명으로 구성하고, 국가이행기구가 지정되지 않은 경우에는 국가이행기구 후보기관으로부터 1명을 초청하기로 했다. GCF의 국가프로그래밍국^{Division of Country Programming} 아무스만 파^{Ousman Pa}국장의 지원과 함께 베트남, 라오스, 캄보디아, 미얀마, 몽골, 르완다에서 참석 의사를 밝혔다.

1일	국가별 사전자료 발표 → GCF, ADB 등 전문가 논평 → 국가별 수정사항 논의
2일	수도권매립지관리공사 현장 견학 + KOICA 등 전문가 특강 → 국가별 수정사항 논의
3일	GCF 프로젝트 전문가 특강 + 환경사회 영향평가 특강 → 국가별 수정사항 논의
4일	국가별 발표자료 작성
5일	국가별 컨셉트 노트 및 시행계획 발표 → GCF, ADB 전문가 논평 → 향후 사업 설계를 위한 논평

표 2 개도국 기후금융 역량 강화 국제 워크숍 주요 프로그램

마침내 개최된 워크숍은 첫날 GCF 13층 회의실에서 진행됐다. 인천대 이찬근 단장의 개회사가 있은 후, GCF 측에서 본 행사를 자체 행사 이상으로 중요하게 다룰 수 있도록 무게를 실어준 Velasqeuz 감축적응국장의 축사

가 이어졌다. 아울러 본 행사의 취지에 적극 공감하면서 큰 관심을 보여준 인천시 의회 강원모 의원, 인천시 환경녹지국 백현 국장의 축사도 있었다.

개막식 후에는 1일 차 월요일 프로그램이 진행되었다. GCF 오리엔테이션과 참가국별 폐기물 관리 현황에 대한 발표가 이뤄졌다. 각국은 사전에 배포된 양식에 맞춰 규제장치, 폐기물 처리장의 규모 및 분포상황, 그리고 전반적 문제점에 대해 보고했다. 각국의 발표 후에는 GCF 감축적응국의 senior specialist인 Drazen Kucan, ADB 출신인 한경대 함미자 교수 등이 향후 프로젝트 구성방안에 대해 제안했다.

둘째 날인 화요일에는 수도권매립지관리공사에서 프로그램이 진행되었다. 한국의 기술 및 경험과 개도국의 니즈를 결합하는 것을 목표로, 현장시설 탐방과 인근 청라지구 아파트단지의 쓰레기 수거현황에 대한 견학이 이뤄졌다. 수도권매립지가 워낙 대규모 처리시설이라 개도국에 곧바로 적용하는 데 있어서 어려움이 있을 수 있으므로, 유연한 접근이 필요하다는 문제도 제기되었다.

셋째 날인 수요일 오전에는 재차 GCF의 전문가들이 출동하여 GCF의 투자기준에 대한 설명, GCF의 concept note 및 funding proposal의 작성법에 대한 강의가 이뤄졌다. 이로써 워크숍에서 어떤 형식으로 결과물을 도출해야 하는지가 분명해졌다. 오후 시간에는 각국이 시도할 수 있는 GCF 프로젝트를 스크린하고, 이를 구조화하는 방안을 논의했다.

셋째 날까지 제시된 해법은 다양했다. 준비상태가 다소 미흡한 나라의 경우에는 폐기물처리를 국가의 핵심 어젠다로 가져가면서 발굴 가능한 프로젝트를 리스트업할 수 있도록 GCF의 readiness program에 제안서를 제출하는 방안이 검토되었다. 인구가 작고 비위생매립지가 산재되어 있는 경우에는 메탄가스 포집시설을 설치하고, 포집한 가스를 소각하거나 혹은 인근주민에게 가정용으로 판매하는 방안이 논의되었다. 인구가 밀집한 대도시에 대해서는 대규모 위생매집장을 조성하고, 이로부터 발생하는 메탄가스를 전력으로 전환하는 방안이 검토되었다.

넷째 날인 목요일에는 이런 기본적 사업의 틀을 토대로 구체적인 concept note를 작성하는 작업을 했다. 참가자들은 GCF 펀딩 외에도 민간자본을 유치하여 매립장을 조성할 수 있다는 가능성에 큰 관심을 보이면서, 꽉 짜인 일정에도 불구하고, 긴장감을 늦추지 않고, 자국에 가지고 갈 성과물을 챙기는 데 여념이 없었다.

마지막 날인 금요일에는 각국이 코칭 스태프와 함께 준비한 내용을 발표하고, GCF 전문가와 인천대 교수진이 논평과 제언을 하는 것으로 프로그램을 마쳤다.

그림 1 국가별 최종 발표자료

워크숍을 참관한 GCF 관계자들은 종래의 그 어떤 워크숍보다 짜임새와 내실을 갖추었다고 평가했다. 또한, 지속적인 관심을 갖고 본 워크숍을 적극 지원한 인천국제개발협력센터의 권태면 센터장은 "이번에 구축한 신뢰를 토대로 긴밀한 소통과 협력을 이어가야 한다."라고 말했다.

프로그램을 기획하고 주관한 이찬근 단장은 "행사 전 개도국 폐기물처리 사업의 경제적 타당성에 대한 확고한 믿음이 없었습니다. 바로 이 때문에 GCF에서는 자체 펀딩으로 폐기물 사업을 추진한 적이 없습니다. 그나마 우리나라는 KOICA 재원이 있기 때문에 이 재원을 가지고 스리랑카에서 무상원조 사업을 추진할 수 있었습니다. 그러나 워크숍 기간 중 라오스, 캄보디아, 르완다를 대상으로 간단한 캐쉬플로우 분석을 실시한 결과, 부지를 무상으로 확보할 수 있다면 기존의 대규모 매립지를 대상으로 에너지 전환 사업이 가능하며, 신규 매립지에 대해서는 GCF의 저리융자가 결합된다면 위생매립장의 건설도 가능하다는 결론에 도달했습니다."

제약요인도 많이 남아 있었다. "해당국 정부에서는 메탄가스로 생산한 전력을 적정 가격으로 매입해주는 조치를 취해야 하고, GCF에서는 탄소저감 효과를 투자자의 탄소배출권으로 인정해주는 유연한 조치를 해야 합니다. 그리고 바로 이 조치 때문에 원만한 사업추진환경을 조성하기 위한 논의의 테이블이 마련되어야 합니다."라고 강조했다.

개도국 기후금융 역량강화 워크숍을 통해 한국의 ODA가 중앙정부 일변도인 상황에서, 인천이 주도하는 혁신적인 ODA 사업 전개는 국내외적으로 큰 의미를 가지는 것으로 나타났다. 또한 협의체와 연구진들은 국내 대기업/중소벤처기업/대학/컨설팅사가 해외 ODA 시장, 특히 국제기후시장에 진출하는 계기가 마련된 것으로 평가했다. 사업 참여기관뿐만 아니라 인천 소재의 관련 중소벤처기업들이 참여할 경우 해외 진출 기회가 열릴 것으로 전망되었다. GCF 펀딩과 연결되는 해외 기후사업의 전개는 기술적 타당성, 재무적 타당성, 사회적 타당성의 점검을 위한 다양한 사전 스터디가 필요했다. 국내 대학과 컨설팅 회사는 이런 워크숍을 통해 각종 grant 사업에 응모하여 사업 경험을 쌓을 수 있었다.

클러스터 기획단계에서 추구했던 GCF-한국-개도국의 각 목표는 폐기물 처리분야 사업성을 확인함으로써 달성되었다. GCF는 새로운 funding 가능성을 확인했고, 한국은 신남방/신북방정책과의 연계성을 확인했으며, 개도국은 폐기물 사업의 경제적 타당성을 확인했다. 이에 사업 참여 관계자들은 2020 사업비 확보에 뜻을 모아 지속적인 사업추진에 합의했다.

	기존 매립지 대상 : 비위생 매립지 내 에너지 전환 사업	신규 매립지 대상 : 위생 매립지 조성 및 에너지 전환 사업
후속사업 추진방안	– 사업 대안 ① 메탄포집 후 전력 생산 ② 메탄포집 후 소각 ③ 메탄포집 후 가계 보급 – 재원조달 ① CDM사업 등록 후 ② CER 한국탄소시장 매각	– 사업 대안 ① 규제 미정착 국가 GCF readiness program 신청 국가우선순위/제도 인프라/역량 강화 → 이후 GCF funding + CDM ② 규제 기정착 국가 GCF concept note 작성 + PPF 신청 → 이후 GCF funding + CDM
후속사업 추진계획	상반기 3개국 방문실사/인터뷰/현지워크숍 → 베트남 대상 KEITI F/S사업 응모 → 3개국 대상 사업방식 확정(MOU체결)	하반기 국제 워크숍 개최(하기 대안 중 택일) ① 폐기물 분야 6개국 재초청 워크숍 ② 폐기물 분야 신규 관심국 대상 워크숍 ③ 폐기물 외 다른 분야 주제 워크숍

표 3 향후 추진 계획

사례작성자 곽다희, 이찬근
혁신사례 실행을 위해 참여한 구성원 강희찬, 김연정, 김정연, 김현우, 박요한, 서진완, 안영효, 이도균, 이영애, 이찬근, 이희관, 최재혁, 홍기용

스마트시티 국제 심포지엄 개최 및 연구 교류 세미나

#연구의 혁신 #국내 최초

스마트시티 국제 심포지엄 개최

Focused Research University를 지향하는 인천대는 스마트시티와 스마트 에너지를 6가지 연구봉우리 사업 중 하나로 선택했다. 이 프로젝트를 총괄하기 위해 설립된 ES Lab.의 강현철 원장은 스마트시티 클러스터를 위한 연구기반 구축을 위해, 스마트시티 관련 외부전문가인 국내외 저명인사를 초청하여 국제 심포지엄을 개최했다. 해외에서는 OECD 및 Siemens가 참여했고, 국내에서는 포스코 건설과 ES Lab. 참여 교수들의 연구결과 발표가 이루어졌다. 국내외를 아우르는 광범위한 학술 교류의 장으로서, 스마트시티 기술의 현주소를 알 수 있는 뜻깊은 행사였다. 아래에서 이 행사의 주요 발표내용을 소개한다.

그림 1 국제 심포지엄 공식 포스터 그림 2 초청연사 Siemens CEO and OECD Senior Policy Analyst

그림 3 심포지엄 참석자 사진

Keynote 1: Mr. Atsuhito Oshima(Senior Policy Analyst, OECD)

Title: OECD work on Smart Cities and inclusive growth

심포지엄 강연을 통해 스마트시티의 OECD에 대한 정책적 접근 방법이 소개되었고, 2019년 파리에서 처음 열린 1st OECD Roundtable on Smart Cities Growth (9 July 2019, OECD Headquarters, Paris) 행사에 100개가 넘는 단체가 참가했으며, OECD 내에서도 스마트시티와 관련하여 활발한 활동을 시작하고 있다는 것을 소개했다.

그림 4 OECD 스마트시티 Policy

그림 5 1st 스마트시티 Headquarters 행사

Keynotes 2: Mr. Karuppiah Elangovan(Head & CEO, Siemens)
Title: The journey towards Smart Cities

다국적 거대 기업인 Siemens의 스마트시티 미래상을 소개했다. 스마트시티 구축을 통한 각종 비용 절감 효과, 경제적인 효율화를 소개했고, 도시

구성원에게 돌아갈 각종 서비스 혜택을 소개했다. 선택이 아닌 필수가 되어 버린 스마트시티 기술이 보여주게 될 새로운 도시를 만날 수 있었다.

그림 6 Siemens 스마트시티 솔루션에 의한 절감효과

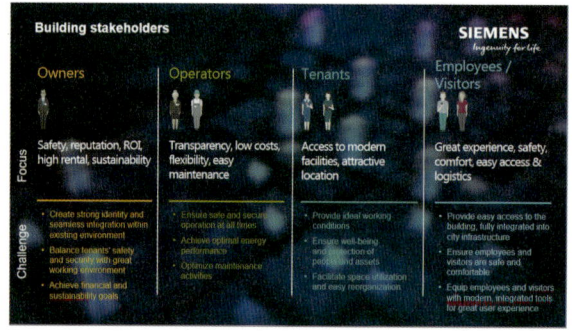

그림 7 시민과 도시관리자에게 제공되는 서비스

세션 1: 인천대 전경구 교수
제목: 인천 산학관 협업을 통한 데이터 활용사례

무의도 연도교 개통 이후, 교통난에 시달리는 현실을 해결하기 위한, 스마트 교통정보서비스의 제공과 활용사례를 소개했다. 스마트시티 클러스터 연구사업으로 진행되었으며, 딥러닝을 통한 차종 분류 기능을 구현했

다. 이후, 스마트시티의 축소판으로서 실증 테스트 베드 역할을 하게 될, 인천대 스마트 캠퍼스 구축 프로젝트에 어떻게 활용될 지를 소개했다. Smart Street Lights를 구현하여 보행자의 통행량 분석, 미세먼지, 소음 분석 등 다양하게 응용할 예정이다.

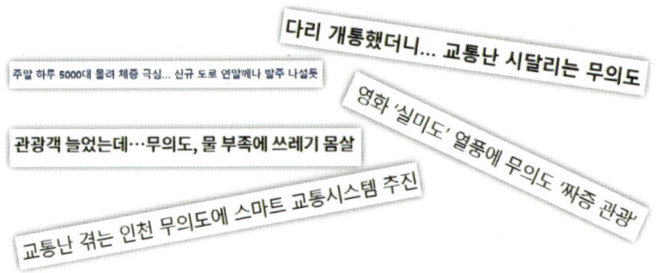

그림 8 무의도 연도교 개통으로 인한 문제 발생

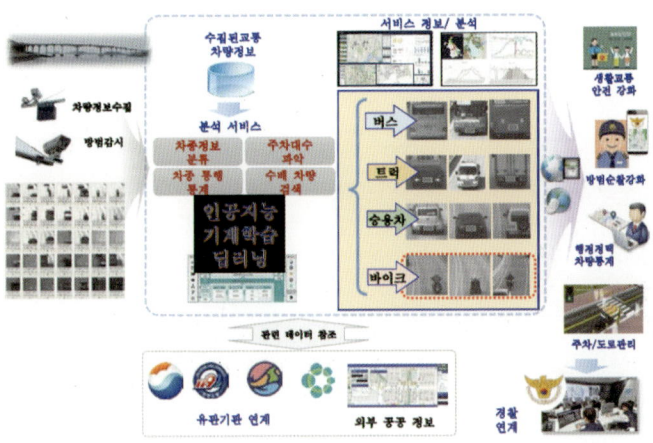

그림 9 스마트시티 주식회사의 마트교통정보 서비스

세션 2: 인천대 김관호 교수

제목: IoT 빅데이터 공유 플랫폼 진행 현황

현실의 캠퍼스 건물을 그대로 옮긴 인천대학교 캠퍼스의 디지털 트윈을 구현한다. 이를 통해, 직접 건물에 들어가지 않고도, 캠퍼스 곳곳을 가상 환경에서 실제상황을 보다 이질감 없이 체험 가능하며, 각각의 트윈에 해당하

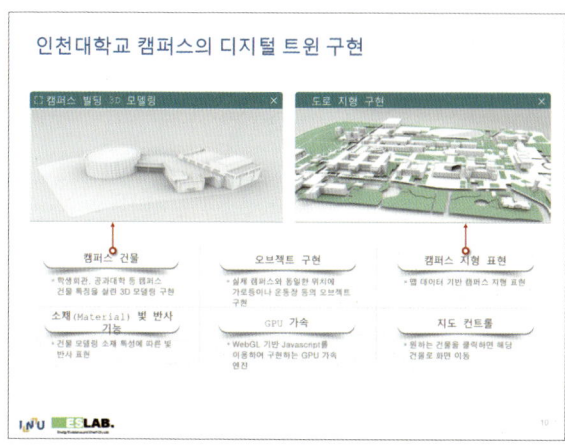

그림 10 인천대학교 캠퍼스 디지털 트윈

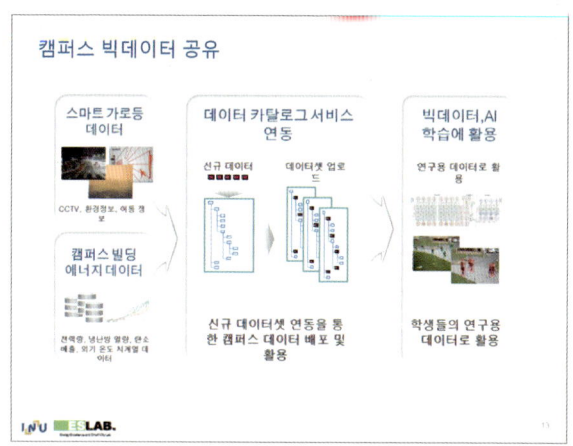

그림 11 캠퍼스 빅데이터 공유 서비스

는 건물을 통해 다양한 정보를 서비스받을 수 있게 된다. 또한, 궁극적으로는 데이터 공유 포탈을 구현하여, 연구와 학습 등 다양한 응용이 가능하도록 하는 빅데이터 공유 서비스 기반을 마련한다.

세션 3: 인천대 김우일 교수

제목: 데이터 기반 도시 소음 모니터링 플랫폼의 사례: SONYC (Sounds of New York City)

도시 소음측정 센서 네트워크 시스템의 전체적인 구조를 소개했으며, 특히 하드웨어 구현과 구성 모듈, 현장에 설치하는 방법 등 구체적인 시스템 구축을 소개했다. 실제 설치 시, 예상 외의 문제들, 즉 조수에 의한 고장, 특히 비둘기 등이 둥지를 짓지 못하도록 장애물을 설치하거나, 전원을 공급하기 위한 건물주와의 계약, 불특정 다수 보행자의 대화 녹취 시 법적인 문제 등의 해결 방법도 구체적으로 설명했다.

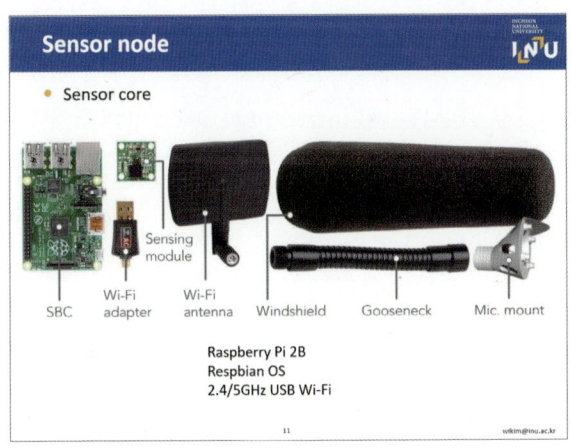

그림 12 SONYC 디바이스

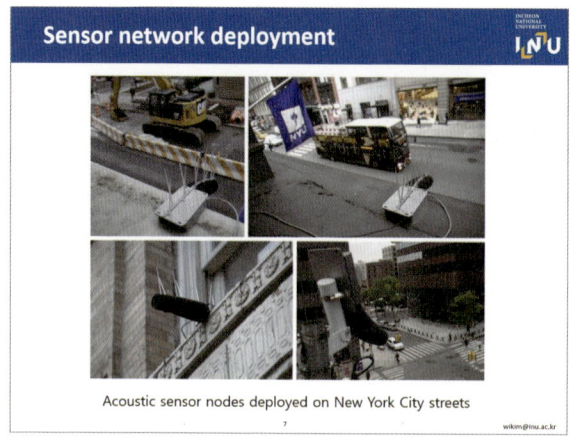

그림 13 설치 사례

세션 4: 인천대 강현철 교수

제목: 2020년 ES Lab. 사업 계획

　스마트시티 클러스터 사업을 진행하고 있는 인천대학교 ES Lab.의 2019년 실적을 소개하고, 2020년 사업 추진 계획의 소개가 이루어졌다. 2019년 사업으로는 1) 국제 심포지엄 2) ES Lab. 역량 강화 연구 주제 교류 정기 세미나 3) 산학관 공동 세미나 4) 연구개발 5) 국제교류 활동에 대한 보고가 있었으며, 2차년 사업으로 2020년 계획으로는 1) 스마트 캠퍼스 구축: Siemens - INU ICS 운영, 에너지 Data 센터 구축, Campus Life data 센터 구축, Smart street Lamp, Data port 구축, 2) 국제 교류 확대: USC IMSC와 연구 DATA 교류 활성화, France EHESS와 정기 세미나 개최, OECD-Incheon Samrt City Forum 개최 준비, 3rd Symposium 개최, 3) 연구 개발 및 확산: 무의도 지능형 서비스 확대, Campus Life Living Lab. 운영, 4) 스마트시티 서비스 확산: Smart Mobility Living Lab. 운영, 도시문제 탐색 연구단 운영을 계획하고 있다.

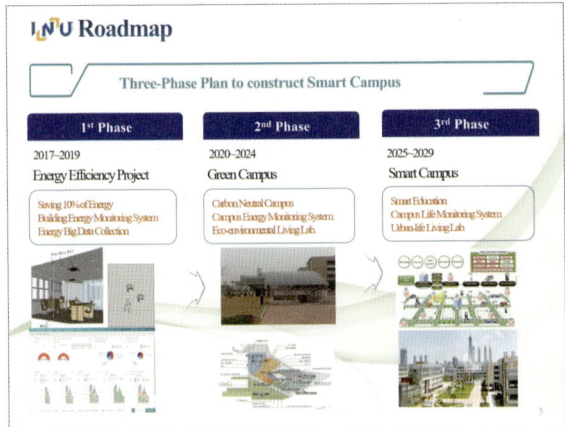

그림 14 스마트시티 클러스터 사업 로드맵

그림 15 2020년 사업 계획

세션 5: 인천광역시 스마트 도시 담당관실: 문미란

제목: 2020년 인천광역시 스마트 도시 사업계획

　인천광역시의 스마트 도시 실행계획과 이를 통해 진행된 사업 실적과 사례 소개 및 인천광역시의 다가올 2020년 스마트 도시 실행계획을 상세히 소개했다. 시민과의 밀접한 유기적 소통을 전제로 하는 사업의 경우, 스마트시티의 이해가 부족한 시민과의 오해로 인한 예상 외의 문제가 발생하여, 이를 해결하고, 사업 방향을 조정해 나가는 과정 등, 현장에서 시민 밀접형 서비스 사업을 펼쳐나가는 과정의 어려움과 해결책 등을 제시하는 내용이었다. 2020년 인천광역시의 스마트시티 사업은 1) 기업과 함께 만드는 혁신적 스마트시티, 2) 시민이 직접 참여하는 지역 특화 스마트시티, 3) 모두가 바로 체감하는 생활 밀착형 스마트시티를 모토로 한다.

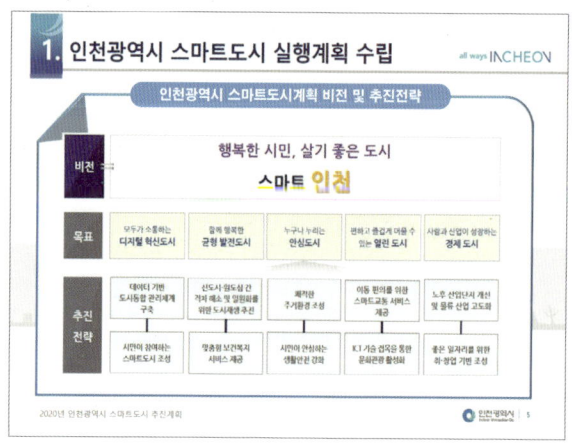

그림 16 인천광역시 스마트 도시 실행계획

그림 17 2020년 상세 사업계획

세션 6: 포스코건설 고종철 부장
제목: 안산시 수소 시범도시 구축사업

　수소에너지 기반 스마트시티를 추진 중인 안산시의 사업을 소개했다. 청정 수소에너지의 장점과 스마트시티의 일본 도쿄 올림픽 수소 도시 사례 등 국내외 수소 기반 사업의 사례들을 소개했고, 이를 위한 인프라 구축의 구성 요소들을 설명했다. 자세한 발표 내용은 차후 예정된 사업과 관련하여, 일부 대외비 자료가 포함되어, 안산시 요청으로 게재하지 않았다.

스마트시티 연구 교류 세미나

연구 교류 세미나는 스마트시티 연구기반 조성을 위해 클러스터 구성원의 연구정보 공유, 연구역량의 강화, 클러스터 사업의 문제점 및 개선점 토의 등을 통해 사업의 원활한 진행을 위해 정기적으로 개최되었다.

연구 교류 세미나 1회: 발표 01
강현철 교수: City Index for Smart City

City Index의 예로서 Green City Index, Smart Mobility Index, Smart City Index, Smart Cities Index, Digital City Index, Global Cities가 있다. 각 인덱스의 구현 사례로서 Green City Index by Siemens의 상세 소개, Smart City Index by EasyPark의 상세 소개, 3대 분야 80개 지표를 가지고 있는 부산 도시 지표의 상세 소개 및 설명을 했다. 표준화가 미진하며, 해외 사례를 통한 한국형 Index 구축을 위한 선행연구로써 진행되었다.

연구 교류 세미나 1회: 발표 02
김지용 교수: 신재생 에너지원 기반 복합에너지 공급체계 설계 및 운영계획 수립

미래 지향 수소 도시의 배경, 정의, 구현사례, 구성 등을 다루어 첨단 기술 적용 도시 사례를 설명했다. 수소 도시는 에너지 문제와 환경문제를 동시에 해결할 수 있으며, 2017년 다보스 포럼에서 수소위원회가 신설되는 등 국제적인 흐름에도 부합된다. 덴마크, 일본, 영국, 네덜란드, 호주 등의 수소 도시 사례 분석도 다루었다.

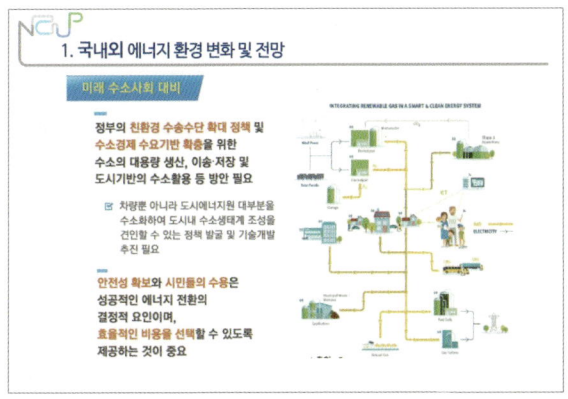

그림 18 미래 지향 수소 도시의 구조

연구 교류 세미나 1회: 발표 03
황영삼 교수: 스마트시티 동적 도시해석 모델수립 연구

　스마트시티 서비스 도출을 위한 도시공간 해석 모델링 방법론을 제시했다. 공간해석 = 일반해석모델 + 지역특성 + 목적론적 상황 + 수렴-확산 - 일반해석모델은 기호학 해석기법을, 목적론적 상황분석은 가추법들을 적용하여 동적 가추법 적용 가능성을 검증했다. 아울러, 지역 특성을 반영하는 스마트시티 특화 기술 도출 가능성도 검증했다. 공간해석에 대해 스마트시티 특화 기술을 대응시켜 스마트시티 기술은 혁신적 변화 방법임을 설명했다.

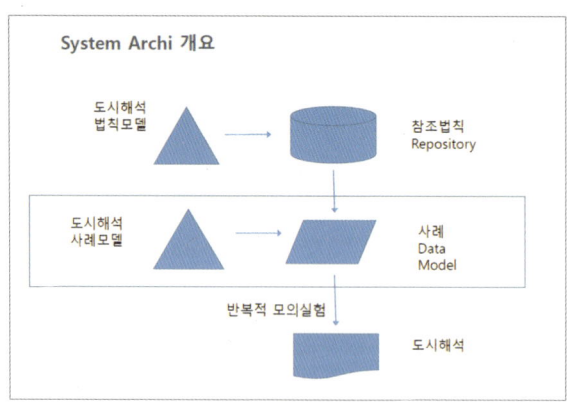

그림 19 스마트시티 도시 해석 모델

연구 교류 세미나 2회: 발표 01
전경구 교수: 인천대학교 ADVANCED SERVICE CENTER 데이터 현황과 활용방안 연구

ADVANCED SERVICE CENTER, 줄여서 "ASC"라고 하는 siemens 시스템에서 제공하는 서비스를 살펴보고, 이를 스마트시티 실증 테스트 베드로서 구축하고자 하는, 인천대학교 스마트 캠퍼스에 어떻게 활용 가능한지를 모색해보았다. 세미나를 통해, ASC 서비스에 없는 기능으로 다양한 데이터 간 상관관계 분석 등을 꼽을 수 있었는데, 예를 들어 현재 외기온도 vs. 에너지만 제공하고 있다. 또, 에너지 기반 부가서비스 개발을 위한 OpenAPI 제공이 없었다. 교육과 연구분야에 ASC 데이터 활용방안으로써 네비게이터 데이터는 XLS, CSV 등의 포맷으로 다운로드하여 다양한 응용을 모색할 수 있음을 알게 되었다.

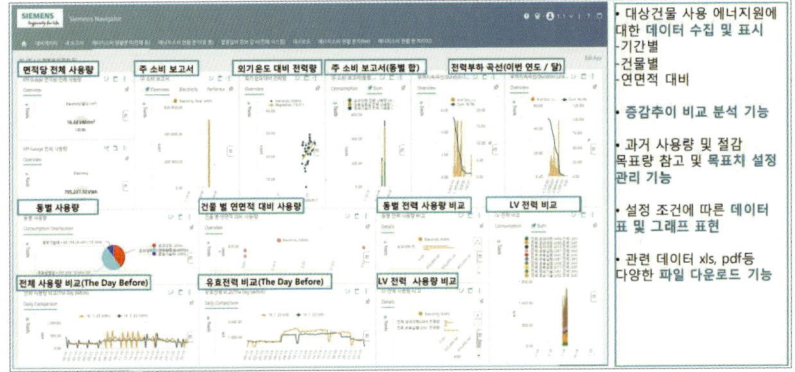

그림 20 네비게이터를 통한 에너지 소비 현황 분석

연구 교류 세미나 2회: 발표 02: 초청 세미나
홍대의 대표(몬드리안): 시민 공유형 빅데이터 플랫폼 현황 및 사례

　스마트시티 구축을 통해 목표로 하는 시민을 위한 시민 참여형 서비스가 구축되기 위해 생태계 조성의 근간이 되는 DATA HUB 구축을 다루었다. 이를 통해 생태계가 스스로 발전할 수 있도록 필수 요소를 정의하고, 각각의 웹 인터페이스, 하드웨어 서버, 다양한 인터페이스를 제공하기 위한 소프트웨어 플랫폼, 다양한 구축 및 활용 사례 등을 소개했다.

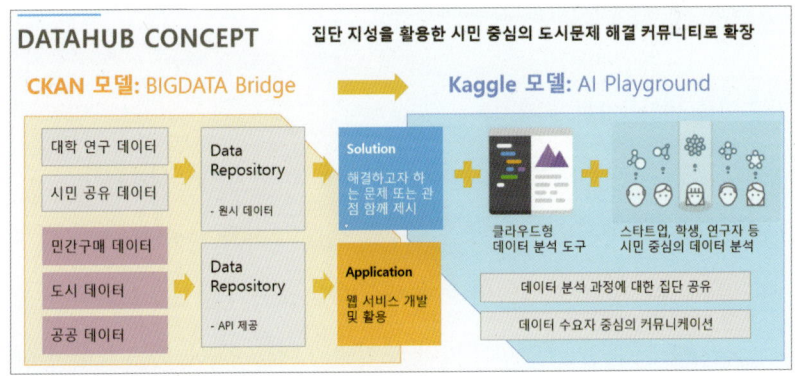

그림 21 DATAHUB CONCEPT

연구 교류 세미나 3회: 발표 01
김응철 교수: Smart City Present & Future

제30회 인천스마트시티포럼("스마트시티, 사례를 통해 배우다", 2019. 11. 1) 참여 후, 포럼 내용의 요약 세미나를 진행했다. 해외 및 국내 스마트시티 구축 동향과 사례를 상세히 소개했다. 기존 도시와 스마트시티의 차이점, 로봇 서비스의 도입, 스마트 에너지 서비스, 스마트 헬스케어 서비스, 스마트 교통서비스, 공유주차, 부르면 달려가는 버스 서비스, 싱가포르 사례 등 실제 제공되고 있는 스마트시티 서비스의 다양한 사례를 소개했다.

교육, 안전, 생활, 안전 서비스	
교육	• 양방향 토론, 창작활동 등이 용이한 스마트학교 조성 • AI기반 에듀테크 도입을 통한 개인 맞춤형 교육 가능 환경 조성 • 생애주기 아카데미 도입
환경	• 친환경 음식물 자원화 • 스마트 정수장 운영 • 하수장부터 수도꼭지까지 물공급 전과정의 수질, 수량 관리하는 스마트 물관리 도입
안전	• 도시 범죄예방 및 긴급대처 서비스, 화재 예방 및 진화지원 서비스 도입 • 지능형 영상감시 시스템 도입 • 도시풍재해 통합관리시스템 도입
생활	• (시민참여) 시민참여형 거버넌스 구성, City App 도입 • (문화) 맞춤 공연 서비스 가능 시스템 도입 • (쇼핑) 일괄배송 서비스, 스마트 쇼핑 • (기타) 스마트홈, 스마트팜 서비스, 생활편의서비스

그림 22 국가 시범도시 추진 현황(도입 서비스)

연구 교류 세미나 3회: 발표 02
김우일 교수(컴퓨터공학부): Sounds of New York City(SONYC)

뉴욕시에서 진행되고 있는 소음 측정을 통한 도시제어 구현사례를 소개했다. 실제 구현을 위한 법적인 문제 해결방법, 소음의 구성요소 분류를 통해 소음 상황의 분석을 할 수 있었다. 도심이기 때문에 이동하는 차량, 공사 소음, 경찰 출동 시 사이렌 등으로 소음 분류가 가능했고, 각각의 소음 정도를 수치화하여 시각적 이해를 도울 수 있는 다양한 차트, 그래프, 특히 3D 모델상에 표현했다. 국내의 경우, 아직 도감청 등의 법률적 제한으로 어려움이 예상되나 해당 사례에서는 행인들의 대화를 소거한 뒤 법적인 문제를 피하는 기술이 활용되었다.

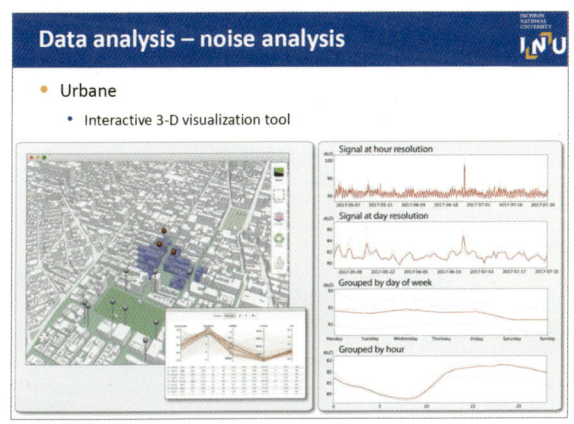

그림 23 SONYC: 3D noise analysis

연구 교류 세미나 4회: 발표 01

김관호 교수: 비즈니스 거래 활성화를 위한 딥러닝을 활용한 링크 예측 기반의 잠재적 비즈니스 파트너 추천 모델

스마트시티의 서비스로서 적용 가능한 딥러닝을 응용한 기업 활동 분석에 관한 연구 및 실험 결과에 대한 세미나이다. Word Embedding을 위한 문서의 수집 과정, 학습 모델, 평가 모델 선정 과정 등을 다루었으며, 본 연구는 비즈니스 활성화를 위한 딥러닝 기반의 잠재적 비즈니스 파트너 추천 모델을 제안했다. 기업이 위치, 산업 분야, 거래 정보 등을 고려했을 뿐만 아니라, 기업이 보유하고 있는 주제 정보를 이용하여 학습함으로써 더욱 정확도 높은 맞춤형 비즈니스 파트너 관계를 파악할 수 있다는 장점이 있다. 또한, 실데이터를 이용한 모델의 성능 평가를 통해 실제적인 이행 가능성과 서비스 가능성을 증명했다. 산업 분야 간의 거래 빈도가 낮은 기업 간 비즈니스 관계를 활성화하는 데 도움을 제공할 수 있으며, 지역별 비즈니스 활성화를 촉진하여 지역 경제 발전 및 시장 활성화를 확보할 수 있을 것으로 기대된다.

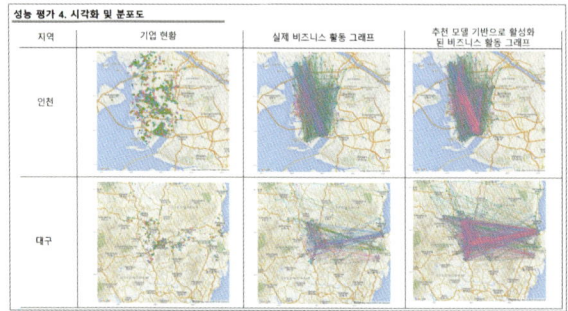

그림 24 비즈니스 활동 그래프의 시각화

연구 교류 세미나 5회: 발표 01: 초청 세미나
Suzanne Peyrard: Moving scales of an urban mega-project in Songdo

외국인의 관점에서 송도의 발전 과정, 지역 현황, 도시계획 등을 구체적으로 소개했고, 송도에서 추진되고 있는 스마트시티 구축 사례를 소개했다. 관제센터를 통한 도시의 실시간 모니터링과 도시문제를 신속히 해결할 수 있는 시스템의 구축 사례 등도 소개했다.

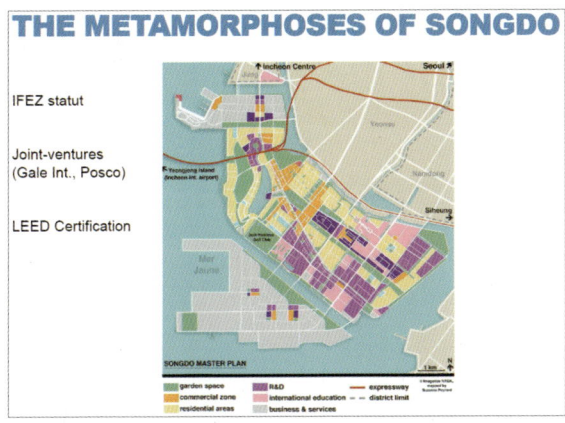

그림 25 송도 도시 계획

그림 26 스마트시티 관제실

사례작성자 강현철, 유신
혁신사례 실행을 위해 참여한 구성원 Atsuhito Oshima, Karuppiah Elangovan, 강현철, 고종철, 김관호, 김우일, 문미란, 전경구

INU 연구클러스터 조성사업
(빅데이터 실증 연구클러스터)

#연구의 혁신 #학내 최초

**거점 국립대학으로서 빅데이터를 활용한
지역 및 사회 문제, 글로벌 이슈 선도 연구**

　최근의 핵심 이슈인 4차 산업혁명은 초연결과 초지능 기술을 기반으로 산업 전반 및 일상에서의 효율 제고와 문제 해결 등 혁신적 변화를 이끄는 도구로 각광받고 있다. 이런 트랜드에 대응하기 위해서는 혁신과 문제 해결의 자산이 되는 원천 정보(데이터)의 확보가 무엇보다도 중요하다.

　빅데이터는 인공지능 및 IoT 등 기술 연계로 그 활용가치, 서비스 품질을 극대화할 수 있는 원천 데이터이다. 현재 국내외 많은 국가와 지자체에서 시민 삶의 질 개선, 도시 문제 해결 등에 빅데이터 등 혁신 기술을 접목하여 해결하려는 준비와 시도가 경쟁적으로 추진되고 있는 상황이다. 향후 지자체별로 효과적이고 적법한 빅데이터 수집과 관리, 연구 개발 및 서비스 제공을 위한 인프라, 협력 체계, 인력 양성의 기본 계획이 정립 중이며 관련 제도 개선 또한 본격 진행될 전망이다. 서울의 경우 대학, 기업, 정부가 활발한 협력 활동을 보이고 있으며, 경기도 등 주요 지자체에서도 관련 지원과 연구 개발들을 활발하게 추진 중이다.

인천시는 인구, 경제 규모 등 국내 2대 도시 진입 전망으로, 규모에 어울리는 빅데이터 확보, 활용을 위한 기본 계획 등 단위 사업 추진이 시급히 필요할 것으로 예상된다. 인천 지역의 경우 (빅)데이터 인프라, 인력 등이 전반적으로 부족한 상황이었으나, 민선 7기 출범 이후 "데이터 기반 행정"을 행정의 기본원리로 천명하고 다양한 정책을 추진 중이다. 그러나 2018년 기준 인천시의 행정조직, 정보시스템 등 다양한 분야에서 통계와 빅데이터 관련한 행정 수준이 높지 않다. 통계와 빅데이터 업무가 다른 부서에 분산되어 있으며, 통계 및 빅데이터 전문가 역시 부재하다. 2018년 인천시 통계+빅데이터 관련 예산은 4.6억 원으로 17개 시도 중 15위이며, 특히 재정여건을 이유로 모든 시도에서 실시 중인 사회조사를 중단하는 등 여건 마련이 미흡한 편이다(2014~18).

다수 시도가 운영 중인 통계포털(11개 시도), 공공데이터 개방 포털(15개 시도), 빅데이터 플랫폼(7개 시도) 등도 부재하다. 그러나 민선 7기 박남춘 시장 취임(2019~) 이후, 「인천광역시 데이터 기반 행정 기본 계획」을 확정하고(2월), 관련 조직과 조례를 정비하는 등 적극적인 정책·사업을 추진 중에 있으며, 통계-빅데이터 업무를 처리하는 데이터혁신담당관 출범(2월), 관련 조례 제정(2월) 등이 진행되었다. '19년에는 빅데이터 공유 활용 플랫폼 구축, 공공데이터 수집 강화(2,000건 이상 목표), 직원 전문교육 강화(20명 이상의 직원을 3주간 교육) 등 다양한 정책을 적극 추진했으며, 민간 데이터 전문가 육성, 데이터 기업 육성 등 데이터 경제 관련해서도 관련 계획을 준비 중이다.

인천대는 사물인터넷빅데이터연구센터[IBRC] 및 현장 맞춤형 실전연구단 X-Xcoprs 등을 통해 관련 연구 그룹이 결성되었고, 빅데이터 플랫폼 및 서비스 등에 대한 기초 연구가 추진되어 왔으며, 또한 지역 빅데이터 클러스터 구축 등 지역/국가적 협력 체계를 바탕으로 인천시 및 지역 중소기업의 빅데이터 R&D 허브 역할을 지속적으로 수행할 수 있는 역량을 갖추고 있다. 이를 토대로 빅데이터를 활용한 시민의 삶 개선, 도시 정책 선진화, 지역 산업 부흥, 미래 빅데이터 선도 연구와 기업 지원 역할을 수행하고, 데이터분석 등 전문인력 양성교육, 빅데이터 활용 기술 창업 촉발에 기여할 빅데이터 실증 연구 중점 추진 지원에 대한 필요성을 바탕으로 INU 연구클러스터 사업을 진행 중이다.

이러한 제반 사항을 고려했을 때 지역을 거점으로 빅데이터 실증 연구 분야 중점 연구 및 빅데이터 인력 양성을 위한 산학연관 협조 체계 기반 교육 프로그램 운영 등에 인천시-인천대 간 원활한 협조가 이뤄질 수 있을 것으로 예상되고 있다.

본 INU 연구클러스터사업의 추진목표는 다음과 같다. 3년에 걸쳐 3단계로 추진 중이며 현재 1차 연도 진행이 마무리되었다.

1단계(1차 연도, 2019년)는 '빅데이터 실증 연구 기반'과 '빅데이터 중점 연구 클러스터 구축·운영', '국책 과제 수주'라는 3가지 축으로 소개하고자 한다.

첫째, 빅데이터 실증 연구 기반 구축은 전문 교육 프로그램을 구성하고 동시에 운영한 것이다. 융합 요소 기술 반영(IoT/인공지능/블록체인 등) 교육 플랫폼을 기획하였으며, 단순 수집에서 나아가 현장에 이를 적용하여 실증 연구주제를 도출하고자 하였고, 시민들과 중소기업들에게 보다 친근하게 빅데이터를 체감할 수 있는 서비스를 제공하고자 하였다. 둘째, 빅데이터 중점 연구 클러스터 구축·운영에서의 1단계 성과는 인천시 내 데이터 관련 유관 기관(기업)과의 네트워크 구축을 위해 세미나와 학술행사 등 다양한 모임을 개최한 것이다. 인천/글로벌 빅데이터 포럼 구성을 위한 지역기관 및 NUS-상해과기대 등 관계자 준비 모임을 구성하였고, 이를 기반으로 빅데이터 개발자 및 수요자 교류 등을 위한 포럼을 구성할 수 있었다. 셋째, 국책 과제 수주를 위한 예비 모임을 구성하여 정부지원 빅데이터 교육과 실증 연구 등 정부의 연구개발 사업 현황 및 주요 요구사항을 파악하는 것에서부터 시작하여 관련 기획 위원회를 구성하고 모임을 개최한 것이다.

2단계(2차 연도, 2020년)에서는 연구 기반 구축에서 나아가 연구 기반을 확충하고 서비스 연구를 개발하기 시작했다. 첫째, 전문 교육 프로그램 업데이트 및 대상을 확대하고 융합 요소 기술 반영(IoT/인공지능/블록체인 등) 교육 플랫폼들을 기획 단계에서 개발 단계로 발전시켜나가고 있다. 둘째, 빅데이터 중점 연구 클러스터를 구축·운영해가며 인천시 내 데이터 관련 유관 기관(기업)과의 네트워크 구축을 위한 세미나와 학술행사 등 다양한 모임을 지속적으로 개최할 예정이다. 1단계에서 구성된 포럼을 운영하고, 지역 기관 및 NUS-상해과기대 등 관계자 참여 행사를 개최하며 중소기업 협력, 지원 등을 위한 빅데이터 서비스 컨설팅 주제들을 도출해나가고 있다. 셋째, 국책 과제 수주 신청 및 수행을 위해 정부지원 빅데이터 교육 사업 현황 및 요구사항 파악에서 더 나아가 교육 사업을 신청하고 선정 사업을 수행해나가고 있다. 또한 관련 준비 위원회 구성 및 신청서 작성 모임 역시 개최해나가고 있다.

3단계(3차 연도, 2021년)에서는 연구 기반 및 서비스가 고도화될 것으로 기대된다. 첫째, 전문 교육 프로그램 업데이트 및 대상을 꾸준히 확대하며 빅데이터 수집-분석-활용 및 융합 요소 기술 반영(IoT/인공지능/블록체인 등 완성) 교육 플랫폼을 활용하는 단계로 진입하고자 한다. 시민 체감형/중소기업 지원 등을 위한 서비스 기획 발굴 및 이미 도출된 주제를 연구 수행하며 국내 지방 중소도시의 공공 빅데이터 운영 서비스 컨설팅 및 기획 사업을 추진하는 동시에 국외 수출형 서비스 기획도 추진하고자 한다. 둘째, 빅데이터 중점 연구 클러스터를 구축·운영해가며 인천시 및 데이터 관련 유관 기관(기업)과의 네트워킹 확대 및 세미나, 학술행사 등을 지속적으로 개최할 예정이다. 또한 2단계에서 유지되고 있는 빅데이터 개발자 및 수요자 교류 등을 위한 포럼을 적극 운영하여, 지역 기관 및 NUS-상해과기대 등 관계자 참여 글로벌 빅데이터 포럼 행사를 개최하고자 한다. 셋째, 국책 과제 수주 신청 및 수행을 위해 2단계에서의 빅데이터 교육 사업을 꾸준히 신청하는 동시에 선정 사업을 수행할 것이다. 또한 연구개발 사업을 수행 및 준비 위원회, 신청서 작성 모임도 꾸준히 개최할 예정이다.

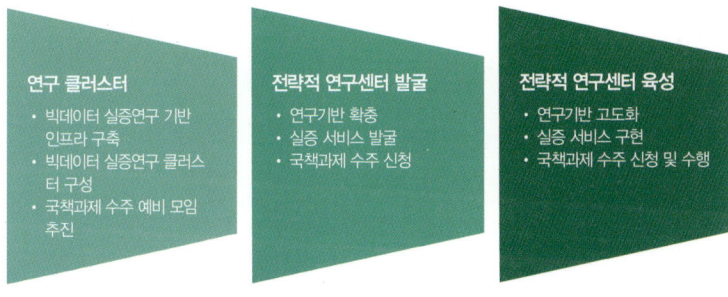

그림 1 연구 클러스터 발전 단계

2020년 3월 현재 1차 연도 사업은 성공리에 마무리하였고, 2차 연도 사업을 준비하고 있다. 1차 연도 사업의 성과는 다음과 같다.

먼저 실증 기반 및 서비스 연구라는 측면에서 보았을 때 세 가지 성과를 이루었다. 첫째, 빅데이터 전문 교육 프로그램을 구성하였다. 전문 인재 양성을 위한 질적으로 우수한 교육 콘텐츠를 개발하였다. 보다 구체적으로, 실증연구와 기업지원 역할을 수행할 수 있는 인력양성을 위한 동영상 강좌를 본격 개발하고, 전문가 자문을 통해 빅데이터 전문 교육 커리큘럼을 개발하였다. 무엇보다 전임교원 중심으로 연구진을 구성해 콘텐츠의 질을 향상시키는 것을 중점으로 두었다. 둘째, 현장에서 적용할 수 있는 연구 주제를 도출하였다. 빅데이터 실증연구 과제 발굴을 위한 기획 연구 발표회를 개최하였다. 이를 통해 빅데이터 확보 근거, 분석 방법, 활용·서비스 등에 대한 분야별/주제별 연구 수행 방안 등에 대한 기획연구를 추진하고 발표를 통해 연구결과를 공유하였다. 또한 기획 연구결과의 타당성 등을 검토하여 차년도 연구 수행과 연계함으로써 빅데이터 실증연구의 단계적 준비와 진행을 도모하였다. 기획 내용의 타당성, 실효성 등을 감안하여 차년도 빅데이터 실증연구 사업의 중점 주제로 진행을 검토 중에 있다. 이를 통해 교내의 다양한 연구자들의 참여를 유도하여 빅데이터 실증 연구클러스터 구축과 참여 활성화 기반을 마련하고자 한다. 셋째, 빅데이터 시민 체감형/중소기업 지원 등을 위한 서비스를 발굴하였다. 제1회 빅데이터 빅시티를 개최하여 다양한 사람들과 빅데이터 실증연구 협업을 위한 현황을 공유하고 및 추진 방안을 논의하였다. 지역 및 캠퍼스 빅데이터 서비스 연구현황 파악하였고 교육 커리큘럼 보안 등 사업 관련 자문 역시 수행하였다.

연구클러스터 구축 · 운영에서는 세 가지 성과가 나타났다.

첫째, '〈그림 2〉 데이터 · 교육 포털 확산 개념도'에서 보는 바와 같이 데이터 관련 기관과의 네트워크를 구축하고 학술대회 및 세미나를 개최하였다. 한국 전자통신연구원(ETRI) KSB 융합연구단과의 업무협력과 KSB 융합연구단 연구결과를 활용하여, 엣지 컴퓨팅 및 인공지능 분야의 MOU 체결을 통해 데이터 유관 기관과의 네트워크를 구축하고 빅데이터 실증 연구기반을 구축하였다. 또한 SOC SOFT와 업무협력 과정에서 빅데이터 · 인공지능 분야의 인력양성 및 연구 협력을 위한 MOU 체결하여 데이터 유관 기관과의 네트워크 구축하고 지역문제 해소를 위한 공통의 연구주제를 도출하였으며, 매개곤충자원융복합연구센터와 업무협력 교육, 연구 협력 강화를 통해 전문 인력 양성 및 연구 인프라를 구축하였다. 2019 대한전자공학회 추계학술대회 개최 시에 특별 세션을 통해 빅데이터 실증연구에 대한 발표와 지역 및 캠퍼스 빅데이터 서비스 연구 현황을 공유하였다. 그 외에도 ABC(Advanced Bigdata Convergence) REPORT를 통해 다양한 융합분야의 서비스와 교육활동 소개를 위한 간행물을 꾸준히 발행하여 데이터 수집, 분석 및 활용방안 등 연구현황, 연구사례, 교육 연구 활동 등을 공유하였으며, 빅데이터 실증연구 세미나 개최하여 최근 연구 동향을 공유할 뿐 아니라 실증 연구클러스터 1차 연도 사업성과를 점검하고 네트워크 구축 기관 등의 의견을 수렴하여 차년도 사업 추진 방안을 협의하며 동시에 산학연 협력방안을 모색하였다.

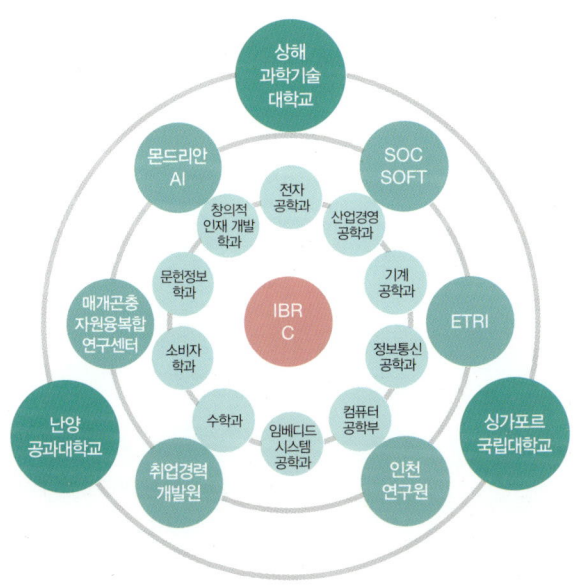

그림 2 데이터·교육 포털 확산 개념도

둘째, 빅데이터 개발자 및 수요자 교류를 위한 포럼을 구성하였다. 제2회 빅데이터 빅시티를 개최하여 빅데이터의 집결과 활용을 위한 사례 공유 및 추진방안을 논의하였으며, 현장에 적용 가능한 빅데이터 실증 연구주제 도출, 더 나아가 지역, 국가의 문제해결에 기여할 수 있는 실증 연구주제 모색하였다.

셋째, 인천/글로벌 빅데이터 포럼 구성을 위한 관계자 준비 모임을 구성하였다. 글로벌 빅데이터 클러스터 추진을 위해 NUS(National University of Singapore), NTU(Nanyang Technology University, Singapore)를 방문하여 빅데이터 관련 최신 현황을 교류하고 상호 협력에 관한 관심 분야를 확인하였다. 또한 싱가포르와 인천의 지역적 공통점을 반영한 공동연구주제를 도출하여 공동의 연구방법에 대해 논의하였다.

이 외에도 (재)인천테크노파크와 인천 빅데이터 서비스 활용 체계구축 방안 용역 / 핵심기술(인공지능) 분야 전문 인력 양성 교육 용역 등을 진행하며 실질적인 서비스 구축과 운영에도 힘을 기울이고 있다. 2월 개최 예정이었던 학술대회가 코로나19의 유행으로 인해 취소되는 등 아쉬운 부분도 있지만, 2차년 계획 진행과 전체적인 사업 성공을 위해 노력하겠다.

사례작성자 김훈, 박신향
혁신사례 실행을 위해 참여한 구성원 김우혁, 김재곤, 김태성, 김훈, 박동삼, 박종도, 이기영, 함남우, 홍윤식, 황광일

필독교양도서 읽기

#교육의 혁신 #학내 최초

인문학적 소양을 위한 융합교육 프로그램

　인천대학교 학산도서관은 2008년부터 "필독교양도서 읽기 프로그램"을 추진했다. 국가와 지역사회 발전에 공헌할 지도적 인격을 도야하는 데 도움이 되는 인천대인의 독서생활에 기여하고자 하는 목적으로 이 프로그램을 시작한 것이다.

　필독서는 2009년 문화체육관광부, 학술원 선정 우수도서 및 타 대학 추천도서, 언론사 추천도서 등을 참고하여 목록을 작성했고 도서운영위원회, 학사위원회의 회의를 거친 후 교수 및 학생의 의견을 수렴하여 100권을 선정했다. 문학과 예술, 역사와 철학, 사회과학, 자연과학 4개 분야에서 선정했으며 필독교양도서 학점 인정 운영지침을 발령하여 PASS or FAIL로 근거를 마련하여 마일리지 부여 및 학점인정을 시행했다.

2010년에는 "필독교양도서 읽기 프로그램"이 인문영역의 정규 교양과목으로 개설되었다. 교과목 이름은 "필독교양도서 100선"이었고, 학생들은 이 과목을 수강하고 1학점을 받을 수 있었다. 이 과목 수강생이 도서관 홈페이지에 기재된 필독교양도서 100선의 도서 목록을 확인한 다음 이중 한 권을 선택하고 독후감을 작성하여 제출하면 1 마일리지를 받고, 35 마일리지가 모이면 1학점을 받는 방식이었다. 독후감은 1편당 최소 1,500자(A4용지 1~2매) 이상 작성하여 제출해야 했다.

2017년 조동성 총장은 박주문 도서관장에게 다양한 독서 기회 제공 및 인문학적 소양을 위한 확대 방안으로 필독서와 고전도서를 서양고전 100권, 동양고전 100권, 한국고전 100권으로 구성된 300선으로 확충하는 아이디어를 제안했다. 학술정보팀은 독서문화행사와 연계하여 필독 마일리지 확대방안을 계획했다. 필독교양도서 운영시행지침을 개정하고 운영방법을 정착화시켰고, 인천대만의 차별화된 필독서 목록 작성으로 300선 운영을 시작했다. 고전도서 독후활동으로 테마인문고전 특강을 계획했으며 인문학연구소, 인문대학과의 협업을 통해 새로운 성과를 창출했다.

참고로 대학별 필독도서 현황을 〈표 1〉과 같이 비교해 보았다.

번호	학교명	명칭	분야
1	서울대학교	서울대 권장도서 100선	문학, 사상, 과학기술
2	연세대학교	연세 필독 도서 200선	문학, 사상이론 분야
3	성균관대학교	성균 고전 100선	문학예술, 인문사회, 자연과학
4	전북대학교	전북대 필독도서 100선	문학, 사상이론, 과학기술
5	중앙대학교	인문학 40선 읽기	전주제
6	인천대학교	필독교양도서 읽기 300선	문학과 예술, 역사와 철학, 사회과학, 자연과학

표 1 국내 대학교 필독도서 현황   출처: 각 대학 도서관 홈페이지

  2018년에 취임한 여운호 도서관장은 많은 학생이 필독교양도서로 학점을 받을 수 있도록 시행지침을 개정했다. 기존의 독서 마일리지를 추가했고, 학점인정기준도 낮춰 학생들에게 좀 더 쉽게 다가갈 수 있는 필독교양도서 읽기 프로그램을 제공하게 되었다.

  이 프로그램을 통해 2018년에 4명, 2019년에 6명이 학점을 취득했다. 2009년~2019년의 성과를 보면 학점부여 학생은 18명, 장려금 지급 학생 2명, 학적부에 완독자 기재를 한 학생 2명의 실적을 거두었다. 2017년 이후 확대 방안을 마련하여 학생들의 관심도 높아졌고 필독서의 다양성으로 선택의 폭이 넓어졌으며 새로 바뀐 필독교양도서에 대한 인식과 참여도에 높은 관심을 표하고 있다.

  하지만, 도서관에서 학점을 부여하는 것에는 어려움이 있었다. 다른 대학교에서도 도서관에서 학점을 주는 사례는 전무했기 때문에 시행지침을 개정할 때마다 교수님들의 이해를 구해야만 했으며 도서관의 노력을 알리기에 힘든 부분도 있었다.

  도서관에서는 이러한 어려움을 딛고 학생들에게 보다 많은 학점인정 기

회와 독후활동을 제공하고자 노력했으며 다양한 아이디어를 만들어 홍보했다. 학생들에게 필독교양도서를 알리기 위한 방안으로 필독서와 연계한 창의적이고 독창적인 독서문화행사를 진행했다. 필독교양도서읽기 프로그램을 기반으로 책 나눔 이벤트, 서평쓰기 대회, 테마인문고전특강 등 세 가지 이상 프로그램의 융합적 설계로 두 배 이상의 효과를 거두었다. 〈표 2〉는 이 행사를 알리는 포스터이다.

표 2 독서문화행사 홍보 포스터

각 행사를 진행하면서 들을 수 있었던 학생들의 의견은 매우 다양했으며 도서관에 대한 관심과 애정을 느낄 수 있었다. 책 나눔 이벤트 참여 학생들의 소감을 소개하면 "이 기회에 책을 한 권 읽고 무료로 책을 한 권 더 읽을 수 있어서 좋았습니다!!", "좋은 책 많이 읽을 수 있는 좋은 이벤트!", "좋은 기회로 독후감 쓰면서 여러 생각을 하게 되네요. 감사합니다.", "필독교양도서도 읽고! 책도 받고!! 너무 좋은 기회입니다.", "필독서에 대해 알 수 있는 기회였고, 독후감을 오랜만에 쓰게 된 계기가 되었다.", "혼자서 책을 읽고 나면 글도 잘 정리하지 않는데 이런 기회에 내 생각을 정리하고 책도 받을 수 있어서 좋았습니다.", "필독교양도서 완독하겠습니다.", "평가라는 압박

없이 자유롭게 책을 읽고 감상을 적을 수 있어 좋았습니다." 등 학생들이 긍정적인 표현을 해주었다.

 2019년에 취임한 이용화 도서관장은 변화하는 대학도서관의 역할 강화를 위해 인문고전 교육 및 토론의 다양한 패러다임 변화를 시도하고 있다. 그중 하나가 대학혁신 아이디어 사업의 일환으로 진행하는 "고전 읽기 토론 프로그램"이다. 그 내용은 동서양의 인문학, 사회과학, 자연과학, 예술 분야의 대표적 고전 텍스트와 현재 우리나라 대학교육의 방향과 시대적 상황을 반영할 수 있는 인천대만의 독자적인 INU Great Books Program을 구축하는 것이다. 필독도서 목록을 바탕으로 연간 10회의 토론 세미나를 기획하여, 5회 참가 시마다 1학점을 부여하고 최대 15회 참가, 3학점까지 부여하는 새로운 제도이다. 이 프로그램은 미국의 유명한 학부 중심 대학인 St. John's College의 원전 토론 수업인 Great Books 교과과정을 모델로 하여 만들었다.

 INU Great Books Program을 지역사회에 보급하기 위하여 학산도서관, 해돋이 도서관, 미추홀 도서관에서 진행하는 인천대 인문학연구소의 "테마인문고전 특강" 역시 기존 강의 방식 외에 테마인문고전 토론 프로그램을 추가로 개발하여 2020년부터 보급할 예정이다.

 도서관은 필독교양도서를 활성화하기 위해 학생들과의 교감을 강조함으로써 많은 학생들이 참여할 수 있도록 노력하고 있다. 또한, 필독교양도서를 기반으로 하여 보다 발전된 독서문화행사를 진행하고 고전 읽기 프로그램을 통해 인문교육 역량을 강화하며, 도서관 이용 활성화에 기여하고자 한다.

사례작성자 윤정아, 이용화
혁신사례 실행을 위해 참여한 구성원 박주문, 여운호, 조동성

새로운 산업혁명의 시대, 우리는 어떻게 우리의 학생들을 도울 것인가?

#교육의 혁신 #학내 최초

인성과 역량을 겸비한 융·복합적인 인재양성 교양 교육프로그램

우리는 고민한다. 그리고 치열하게 토론하며, 끝없이 묻고 물으며 실행하고, 제고하며 또 실행한다.

새로운 산업혁명의 시대, 포노사피엔스의 시대라 불리는 혁명의 시기에 우리는 어떻게 우리의 학생들에게 자신감과 자기 확실성을 갖고 주인으로 당당하게 살아가게 할 수 있을까.

메트릭스 교육제도를 통하여 만난 기업들은 우리에게 '인성이 바른 인재' 배출을 요구한다. 반면 학생들은 졸업 후 바로 현장에 투입될 수 있는 '역량 있는 인재'로서 성장할 수 있는 교육프로그램과 지원을 요구한다.

'인성'과 '역량'을 겸비한 WISE한 주체적인 융·복합 인재 양성!

우리는 이것을 목표로 교양 교육프로그램을 혁신하기로 했다. 이는 2018년 12월 교양 교육프로그램의 혁신을 위한 연구에서 시작되었다. Task Force Team(연구책임자 조현우 교수 외 17명의 교수)을 구성하고, 6개 분야로 소위원회를 구성하여, 교양 교육프로그램에 대한 심도 있는 연구를 실행했다. 연구결과는 교양 교육프로그램에 대한 혁신적인 방안으로 크게 3가지를 제안했다.

첫째, 인천대 학생들의 공감 능력 및 정서 함양을 위하여 "전교생 1인 1기 예술체육교육"을 제안했다. 조동성 총장의 공약 사항이었던 1인 1기 예술체육교육을 교양 교육프로그램 TFT에서도 제안한 것을 보면서, 기초가 중요하다고 생각하는 기본적인 생각은 모두가 동일하다는 생각이 들었다.

둘째, 인천대 학생들의 디지털 문해 능력을 증진하기 위한 "코딩 교육 및 컴퓨팅적 thinking 프로그램"의 시행을 제안했다. 4차 산업혁명 시대가 도래함을 인식하고, 학생의 디지털 역량을 증진시키는 것이었다.

셋째, 자타가 취약하다고 여기는 글로벌 역량 강화를 제안했다. 학생들의 수준별, 욕구별, 다양한 영어 교육프로그램을 제공하고, 중국어를 비롯한 다양한 외국어 교육과 문화 프로그램을 제공하는 것이었다.

이러한 교양 교육프로그램의 혁신안을 중심으로 교육과정의 혁신을 시도했다. 실행된 교양 교육과정에서의 교과 프로그램과 비교과 프로그램을 중심으로 인상 깊었던 사건들을 소개한다.

1. 야심 차게 시작하는 "1인 1기 예술체육교육"

인천대에는 멋진 스포츠센터와 다양한 체육 시설이 있다. 그중 스포츠센터는 골프연습장, 헬스장, 수영장, 스쿼시, 필라테스 등의 체육 종목 활동이 가능하다. 교양과목에 체육 관련 과목이 많이 있지만, 수영은 없었다. 학생들의 교육수요조사를 통하여 수영 과목 등을 추가 개설했다. 현재 수영과목을 포함하여 체육 관련 수업이 매 학기 평균 11과목에 약 500명이 이수하여 1기 체육교육이 가능할 수 있는 토대를 마련했으며, 이는 학생들의 평생 건강 관리에 도움을 주는 계기가 될 것이다.

다양한 체육시설이 있는 반면, 인천대는 음악대학이 없어서인지 음악에 관련된 실기 수업은 '합창' 이외에 개설된 것이 없다. 학생들의 교육수요조사를 보면, 늘 다양한 기악과 보컬 음악 실기 수업에 대한 요구가 높았다. 그러나 음악 수업은 체육 수업과 마찬가지로 시설과 장비가 필요한 과목으로 오랫동안 음악 관련 과목 개설에 대한 고민이 많았지만, 쉽지는 않았다. 그러나 2019년 기초교육원에서는 수업을 조정하고, 컨벤션센터의 강의실을 다각적으로 면밀히 검토하여, 기존의 방을 분리하고 방음 공사를 실행하여 피아노실과 현악기실을 마련했다. 전자 피아노 25대 및 기타 30대를 구입하고, 드디어 2019년 2학기에 강좌를 편성했다. 치열한 강사 채용 과정을 거쳐 훌륭한 강사진을 확보해 수업을 시작했다.

강좌 수강생을 대상으로 실시한 설문조사 결과에 따르면, "2019학년도 2학기 음악실이 신규 조성되기 이전, 음악 실기 교과목 개설과 음악실 조성에 대한 본인과 주변 학생들의 수요가 있었습니까?" 항목에 '매우 수요가 많았음', '대체로 수요가 있었음'이라고 응답한 학생은 전체 응답자의 78.9%

를 차지했다. 이는 재학생들의 음악 실기 교과목 수강에 대한 열망을 고스란히 보여주는 결과이며, 기초교육원의 음악 실기 강의실 조성과 교과목 개설을 통해 학생들의 갈증을 해소했다고 평가할 수 있다. 음악 실기 강의실 이용에 대한 전반적인 만족도에 대한 응답 역시 '매우 만족함'과 '대체로 만족함'이 전체 응답자의 89.5%를 차지했다. 설문조사에서 한 수강생은 아래와 같은 답변을 남겼다.

"음악에 대한 교양이나 수요는 항상 높은 비율로 대학 내에 있어 왔습니다. 그전까지는 단순히 동아리로 형성되어 독학하거나 학원에 다니는 방법으로 질을 유지해 왔는데 이번에 음악실을 사용하면서 전문적인 교육을 받을 수 있어 매우 만족스러웠습니다. 관련 교양이 더 개설되어 이러한 긍정적인 영향을 받는 학생이 많아지면 좋겠습니다."

학생들의 열광적인 반응에 힘입어 2020년 2학기에는 피아노 및 기타 수업의 강좌 수를 늘리고 바이올린 및 관악기, 보컬 수업도 개설할 계획이다.

인천 소재 대학에는 음악대학이 없다. 비록 교양과목으로 출발하지만 작은 오케스트라단의 구성과 활동을 꿈꿔본다.

인천대에는 음악 관련 외에 연극, 난타, 한국무용 등 다양한 교양 과목이 있고 디자인 관련 과목도 5과목이 이미 개설되어 있으므로 이런 추세라면 2년 내에 전교생 1인 1기 예술체육교육이 가능한 상황이다.

2. 디지털 문해 능력 강화를 위한 "코딩 교육 및 컴퓨팅적 thinking 교육프로그램"

포노사피엔스의 시대, 4차 산업혁명 시대, 포스트 휴먼시대 등으로 불리는 이 시대에 학생의 디지털 역량을 강화시키고, 차세대 주인으로서 준비시키는 계획을 했다. 이는 바로 "전교생 코딩교육 수업으로 디지털문해능력을 강화하자!"였다.

전교생에게 코딩 및 컴퓨팅적 thinking 프로그램을 교육한다는 것은 쉬운 일이 아니다. 우선, 교양 기초 필수과목으로 코딩 수업을 개설하고자 했다. 코딩 수업에 대한 학과별 전수조사를 실시했고, 학과별 피드백을 종합하여, 코딩 수업이 개설된 학과를 제외하고 인문·사회·예체능·이공학계열 등 전 계열에 기초 필수과목으로 편성·개설했다. 전교생을 대상으로 하는 코딩교육에 대해서 우려하는 시선도 있었지만 2019년 2학기 개설 결과 좋은 평가를 얻고 있다.

동시에 디지털 역량 강화 비교과 심화프로그램을 개설하여, 문제해결을 위한 파이썬, 모바일생활코딩, 컴퓨터응용 등 3개 반을 개설하여 운영했다. 학생들의 관심과 흥미에 따라 심화된 맞춤형, 수준별 소집단 수강을 함으로써 완성도 높은 교양교육 프로그램을 제공하고자 했다.

3. 글로벌 역량 강화를 위한 외국어 집중교육 프로그램: "GLAP 정주대학 프로그램"

지난 2014년도 수도권특성화사업의 일환으로 처음 시행된 '정주대학 프로그램'은 2020년 1월 현재 11회차를 진행하여 수료생 총 679명을 배출했다. 2018년에 수도권특성화사업이 종료되었지만, 2019년도부터는 대학혁신지원사업을 통해 한 단계 혁신적으로 프로그램을 개편·운영하고 있다. 매 학기 진행되는 'GLAP Global Language Ability Progress 정주대학 프로그램'에 대한 학습자의 반응과 요구를 적극 반영하여, 완성도 높은 외국어 교육프로그램을 제공하고 있다. 학습자의 높은 만족도에 안주하지 않고, 더 나은 양질의 프로그램을 제공하기 위해 작은 소리에도 귀 기울이며 변화하는 'GLAP 정주대학 프로그램'을 운영하고 있다.

가장 먼저 혁신을 꾀한 부분은 '언어의 다양화'였다. 영어, 중국어에 편중되었던 정주대학 교육프로그램을 보완하기 위해 학생들의 요구를 조사했다. 학기 중 영어, 중국어 이외에 인천대 학생들이 원하는 외국어가 무엇인지 컨벤션센터 1층에서 설문조사를 진행했다. 그 결과를 토대로 1학기 프로그램에는 일본어를, 2학기 프로그램에는 스페인어를 신설하기로 결정했다.

학생들의 요구에 맞춰 외국어 강좌를 신설하는 것이 결코 쉬운 일은 아니었다. 특히 스페인어와 일본어 원어민 강사를 구하는 것이 어려웠다. 'GLAP 정주대학 프로그램'은 방학기간 약 2주 이상 기숙사에 거주하면서 아침부터 저녁까지 어학을 배우는 프로그램이다. 기나긴 일정 동안 가르침에 헌신적으로 참여할 수 있는 유능하고, 동시에 검증된 원어민 강사를 찾는 것은 쉬운 일이 아니었다. 원어민 강사들을 찾기 위해 교내·교외 관련 기관에 연락하고, 방문한 결과 일어일문학과 나카무라 유리 객원교수와 전직 인천대학교 스페인어 강사로 현재 조지 메이슨 대학에 재직하고 있는 마르코스 강사를 섭외할 수 있었다. 유능한 원어민 강사님들 덕분에 프로그램 참가자들의 후기를 분석한 결과 교육과정 운영에 있어 그 만족도가 매우 높게 도출되었다.

두 번째 혁신은 외국어 습득에 대한 평가방식이었다. 이전에는 'GLAP 정주대학 프로그램' 참가자들의 어학성적 향상도를 측정했다. 영어반은 모의

토익과 모의토익스피킹, 중국어반은 TSC 성적을 통해 변화를 살펴보았던 기존의 평가방식에서 탈피하여, 얼마나 자유롭게 해당 언어를 구사하는지 능력을 확인하는 OPIc$^{Oral\ Proficiency\ Interview\ Computer}$ 시험으로 바꾸었다. OPIc 시험은 약 40분간 다양한 주제에 대해 해당 언어로 자유롭게 답변한 내용을 녹음하여 원어민이 채점하는 방식으로, 이는 'GLAP 정주대학 프로그램'에서 추구하는 외국어 능력 향상을 측정하는 데 적합하다는 평가를 토대로 도입한 것이었다. 이러한 판단에 따라 새롭게 시행한 평가방식은 참가 학생의 만족도를 수직상승하게 만들었으며, 조금 더 정확한 자신의 외국어 구사 능력에 대한 자기 평가 및 전문가의 평가를 모두 살펴볼 수 있는 긍정적인 결과를 도출했다.

세 번째 혁신은 'GLAP 정주대학 프로그램'의 효과성을 분석하고, 이를 추후 프로그램 홍보에 활용하고자 한 것이다. 참가자들을 대상으로 참가 후기를 공모했고, 이를 분석한 결과 크게 세 범주에서 효과가 있었음을 알 수 있었다.

■ 효과 1: 다양한 학습 방법을 통한 외국어 회화 실력 향상

"GLAP 정주대학 프로그램에서는 비즈니스 영어, 스피치, 문화, OPIc 시험 등 서로 다른 분야의 수업을 들을 수 있었습니다. 각각 다른 선생님들이 다른 수업 내용을 가지고 강의를 하기 때문에, 한 분야를 전문적으로 집중하여 배울 수 있었습니다."

"이번 정주대학 프로그램에 참가하며 느낀 점을 한마디로 표현하자면, '정말 학생들을 위한 프로그램'이라 말할 수 있습니다. 좋은 원어민 교수님들

과의 대화 형식의 수업 진행, 비디오 메이킹, mp3 따라 하기, 올림픽, Job Fair 등의 다양한 활동들이 전부 학생들에게 초점이 맞추어져 있다는 느낌을 받았습니다."

"프로그램에 참가하며 점점 영어로 말하는 것에 대한 자신이 붙었고, 2주가 넘은 지금은 외국인과 영어로 대화하는 것에 대한 두려움이 완전히 사라졌습니다. 오히려 어떤 표현을 쓰면 더 재미있게 대화를 이어나갈 수 있을까 생각하며 대화를 이끌어나갈 수 있는 힘이 생겼습니다."

■ 효과 2: 문화 체험을 통한 흥미 유발 및 글로벌 마인드 함양

"단순한 언어 공부를 넘어 해당 국가의 사회, 문화 등도 같이 배우는 것이기에 세계화 추세에 맞는 마음가짐을 갖출 수 있었습니다. 실제로 프로그램 진행 중 일본인 교환학생들과 게임을 하고 식사자리를 가졌는데, 인터넷과 책에서 보는 일본인 이야기를 일본 학생들을 통해 더 자세히 듣고 해당 문화를 잘 이해할 수 있었습니다."

"정주대학에서 중국어를 배우니 자연스레 중국 문화를 더 알고 싶어지게 되어, 중국의 음식, 중국 사람, 중국의 학교 등 중국의 전체적인 것들이 궁금해졌습니다. 중국어를 배우는 것이 중국에 대해 굳어져 있던 제 마음을 좋은 쪽으로 돌려놓은 것을 봤을 때, 분명 정주대학은 제게 큰 선물을 준 것이라고 생각합니다."

■ 효과 3: 공동체 생활을 통한 사회성 함양 및 학습 습관 확립

"이번 기회를 통해 선생님과 일본어 반 학생들 그리고 외국인 학생까지 다양한 사람들과 만날 기회가 생겨 사회성이 좋아졌다고 생각합니다."

"대학교를 다니면서 최대한 수업이 늦게 시작되고 빨리 끝났으면 싶은 수업이 대부분이었는데, 이번 스페인어 수업은 빨리 하고 싶어서 미리 교실에 가서 예습을 하고 수업이 끝나면 너무 아쉬웠습니다. 수업이 끝나면 친구들과 기숙사 1층에 있는 체력단련실에 가서 같이 운동을 했습니다. 정주대학을 통해 생활 패턴을 바로잡는 기분이었습니다."

이처럼 참가자들이 느끼는 효과는 다음번 프로그램에 참가할 학생들을 위해 좋은 정보 및 홍보가 될 수 있을 것이다.

교과 및 비교과 교양교육을 통해 혁신을 이루고자 노력을 했지만, 이러한 혁신을 가능하게 하는 것은 Man 파워가 있기 때문이었다. 이를 구체적으로 구현해야 할 운영체가 필요했다. 사실 교양교육을 담당하는 부서인 기초교육원은 행정조직인 기초교육팀, 그리고 기초교육소위원회와 심의기구인 기초교육운영위원회만 있는 조직이었기 때문에 이 일을 만들어나가기란 쉽지 않았다. 과연 이 일을 누구와 같이 만들어나갈 수 있을까? 교양교육의 전방에 누가 있을까?

기초교육원 팀에게는 교양교육에 관심이 있는 전임 교원들과 교양교육을 듣는 인천대학생들을 직접 만나고 교육을 담당하고 있는 초빙 교원(객원교수)들이 있었다. 그러나 전임 교원들은 대부분 학과에 소속되어 있고, 교양교육에 직접 참여를 하지 않는 경우가 많기 때문에, 함께 일하기에는 한계가 있었다. 그래서 그 빈틈을 초빙 교원들의 도움을 받으며, 기초교육원이

중심으로 전임 교원과 초빙 교원이 함께 한 팀을 이루면서 혁신사업을 실행했다.

　더 나은 교양교육을 실행하고, 그 밖의 다양한 혁신 사업들을 하기 위해 함께 사유도 하고, 토론도 하고, 다양한 혁신사업을 실행했다. 한 예로, 초빙 교원, 학생, 기초교육원 팀이 함께 협력하여 성공적으로 리버럴 아트 페스티벌 시범사업을 실행했다. 학생에게 교양교육수업에 대한 정보를 나눌 수 있는 기회도 생기고, 배운 것을 다른 친구들과 나눌 수 있는 기회도 갖고, 무엇보다 초빙 교원들이 함께 수업을 소개하거나 정보를 줌으로써 학생은 자존감을, 초빙 교원은 소속감을 높일 수 있게 했다.

　매주 1회 총 6회의 정례적인 토론회를 개최했으며, 함께 초빙 교원들과의 토론을 할 때는 때로는 오전 10시에 시작해서 도시락으로 점심을 때우며, 오후 4시를 넘기는 일도 많았다. "아~ 왜 이들의 교육에 대한 열의를 이제야 깨닫게 되었는지…" 이토록 열성적으로 함께 하는 초빙 교원들이 조금 더 안정적인 포지션을 가졌을 때, 더 나은 양질의 교양교육의 수업과 혁신을 이룰 수 있다고 확신한다.

　위 프로그램의 운영 방향은 교과와 비교과 프로그램의 연계를 통하여 프로그램별로 기본과 심화 프로그램을 엮어 학기와 방학 중 학생들이 원하는 때에 원하는 프로그램을 항상 공급하는 것이다.

사례작성자 신미옥, 안효진, 원인혜, 한종민
혁신사례 실행을 위해 참여한 구성원 김성호, 김유연, 나카무라유리, 마르코스, 신미옥, 안효진, 원인혜, 한종민, 황지은

신규 인천대학교 편입학전형
창업경력자 우대

#교육의 혁신 #국내 최초

지금은 "창업시대"라고 해도 과언이 아니다. 조동성 총장은 창조 능력을 갖춘 미래 인재를 양성하기 위한 특색 있는 대학들이 늘어날 것으로 전망했다. 2016년 7월 말, 인천대학교 총장으로 취임한 조동성 총장은 학교와 기업이 공동으로 학생을 선발하고 교육과정을 운용해 사회의 요구에 맞는 인재를 육성할 수 있는 '매트릭스 형 교육편제'를 시행하면서, 창업 경력이 있는 학생들에게 창업 특기를 활용하여 입학할 수 있는 전형을 신설하자고 제안했다. 입학관리과에서도 4차 산업혁명 시대를 맞이하여 급변하는 사회에서 다양한 역량을 가진 학생을 선발하고 사회 수요에 부응하는 교육과정 창출에 따라 입시제도를 개선할 필요성이 제기되었다. 그래서 입학관리과에서는 학업 역량보다는 특정 역량의 높은 잠재력과 전문성, 창의적, 융합적 사고력을 갖춘 인재 선발을 위한 전형제도를 개선하고 매트릭스 학사제도와 연계하여 인천대에 맞는 전형 신설을 목적으로 2016년 「대학입학전형제도 연구위원회」를 구성했다.

이 위원회는 당시 학생입학취업처장이었던 허진 교수를 위원장 겸 책임연구원으로 하여 에너지화학공학과 권오중 교수, 독어독문학과 권혁준 교수, 소비자아동학과 이영애 교수, 수학과 함남우 교수가 '매트릭스 교육과정 개발을 위한 입시제도 개선'을 위해 연구에 참여하여 수도권대학 특성화사업 내 매트릭스 교육과정 개발사업의 일환으로 2016년 12월 1일부터 2017년 2월 28일까지 실시되었다. 위원회에서는 현재 인천대학교가 운영하고 있는 입학전형을 분석했다. 2017학년도 인천대학교의 대학입학전형은 교육부의 간소화 방안에 따라 수시모집 4개 전형, 정시모집 2개 전형을 운영했으며 면접고사, 수능최저학력기준, 서류평가 등 다양한 전형과 전형 요소로 구성되어 있었다. 하지만 인천대학교에 지원하는 학생들과 합격하는 학생들의 서류를 검토해 볼 때 전형별로 등급이나 성적에는 큰 차이가 없었다. 이러한 문제로 인하여 특별한 분야에 재능을 갖고 있는 학생이나 비록 성적은 낮지만 잠재력이 있고 창의적, 융합적 사고력을 갖춘 학생들은 아예 인천대학교에 지원하려 하지 않거나 지원을 하더라도 서류 전형단계에서 탈락했다. 이에 대한 해결방안으로 새로운 전형의 도입에 대한 필요성이 제기되었다.

전형개발에 앞서 타 대학에서는 어떤 식으로 전형을 운영하는지 사례 분석을 진행했다. 일부 대학에서는 창업, 창의력 등 지엽적인 역량을 평가하는 전형을 시행했으나 평균 비중 4% 내외의 매우 적은 모집 인원으로 운영되고 있었으며 상대적으로 부진한 경쟁률을 보이고 있었다. 이를 바탕으로 본교에서는 차별화된 전형 운영에 대해 더욱 고심하게 되었다. 연구원들이 제안한 신입학 신규전형은 성적 위주의 전형이 아닌 잠재성, 가능성, 전문성 위주의 전형으로 교사 또는 학교의 추천을 바탕으로 종합적인 서류 평가를 하는 미래인재추천전형(가칭)이었다. 이러한 신규 전형(안)을 바탕으로 인천대학교 교수로 구성된 연구위원 6인, 자문교사 5인, 입학관리과장을 비롯한 입학사정관 3인이 모여 자문회의를 실시했다. 전반적으로 신규 전형에 대해 학생 구성의 다양성 확보 가능, 창업과 관련하여 강점을 지닌 장점이라는 의견이 나왔다. 반면 전형 취지에 부합하는 인재가 상대적으로 적을 수 있고, 타 대학 사례에 비추어 보면 실패한 경우가 많으며, 교육부의 전형 간소화 정책에도 어긋난다는 의견이 제시되었다. 또한 학생부 교과 성적을 배제하고 학생의 특정 역량만을 평가하는 것은 특기자 전형으로 인식될 수 있고 면접고사 비율의 증가는 대학별 고사가 강화된다는 인상을 주게 되어 향후 고교교육기여대학지원사업에 참여하지 못하는 등 장기적으로 대학 발전을 위협할 수 있다고 판단했다. 교육부의 제한과 고교교육 정상화의 측면에서 신입학 전형에 창업 특기와 관련된 전형 요소를 추가하는 것은 무리가 있다고 결론을 내렸다.

편입학 전형에서 답을 찾다

교육부 기본계획에 의거 시행되는 편입학 전형에서는 대학별 독자적 기준에 따른 특별전형을 둘 수 없으므로 창업경력자 특별전형을 신설할 수 없었다. 정원 내 편입에서는 대학별 독자적 기준에 따른 특별전형을 따로 둘 수 없고('일반편입'만 허용) 정원 외 편입에서는 법적으로 이미 지원 자격과 전형명이 신입학 전형과 동일하게 시행하도록 지정되어 있기 때문이었다. 따라서 창업경력자 등에게 면접 시 가산점을 부여하는 방식을 검토했다. 매년 교육부에서 오는 대학 편입학 전형 기본계획의 내용에도 위배되지 않고, 이미 타 대학에서도 전공 관련 자격증이나 대회 수상, 특수 재능 등을 입증하는 서류를 제출받아 가산점이나 평가 시 반영하고 있는 것을 참고하여 전형 운영에 무리가 없을 것으로 판단했다. 2018학년도 편입학 전형부터 창업인재 가산점을 반영하기 위해 인천대는 입학관리과 김경원 선생님, 김영주 입학관리과장님(전임), 창업지원단 임송희 실장님, 장해선 선생님이 모여 창업인재 가산점의 실효성과 구체적인 기준에 대해 여러 차례 논의했다. 그 결과 편입학 전형에서 창업인재 가산점 적용을 확정하고 가산점 기준(안)에 대해 구체적으로 결정했다. 창업지원단 장해선 선생님은 창업 경력을 인정하여 입학 전형에 가산점으로 반영하는 대학은 창업지원단에서 알기로는 유일한 대학이라고 반색을 표했다. 이어 기존 창업지원단에서는 창업동아리 등을 평가할 때 사용하는 기준을 참고하여 창업인재 가산점에서도 창업경진대회 수상실적, 창업지원사업 수혜실적으로 분류했고, 인정하는 경진대회 또는 지원사업은 정부 부처 주최 또는 주관 대회/사업으로 한정했다.

관련된 내용을 반영하여 2017년 3월 「대학입학전형관리위원회」를 통해 창업인재 가산점 신설(안)이 통과되었고 2018학년도 편입학 전형요소는 공인영어성적, 면접고사 그리고 해당자에 한해 창업인재 가산점을 적용해주는 것으로 구성되었다.

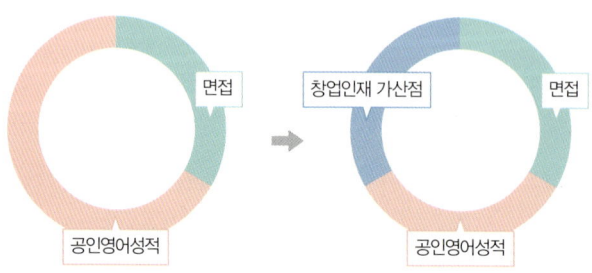

그림 1 창업인재 전형요소

등위	가산점	창업경진대회 수상실적	창업지원사업 수혜실적	인정하는 경진대회 또는 지원사업
A등급	20점	대통령상 수상	-	〈창업경진대회〉 ① 대한민국창업리그(K-STARTUP) ② 공공데이터활용창업경진대회 ③ 기타 '창업', '스타트업', '해커톤', '메이커톤', '아이디어', '아이템' 이라는 단어가 포함된 정부 부처 주최 또는 주관 경진대회 〈창업지원사업〉 ① 중소벤처기업부 지원사업 ② 미래창조과학부 지원사업 ③ 산업통상자원부 지원사업 (※ 지자체 지원사업 제외)
B등급	15점	장관상 이상 수상	-	
C등급	8점	-	3,000만 원 이상 수혜	
D등급	5점	-	2,000만 원 이상 수혜	

표 1 2018학년도 창업인재 가산점 기준

 2018학년도 편입학 전형 시행 결과 창업인재 가산점을 제출한 지원자는 1명에 그쳤다. 아직 편입학 지원자들에게 창업인재 가산점이 널리 알려지지 않았고 창업실적을 인정하는 분야가 정부 부처 주관 창업경진대회와 창업지원사업으로 제한되어 있는 것이 걸림돌인 듯했다. 제출한 1명의 지원자마저 인천대에서 제시한 기준에 부합하지 않아 가산점 혜택을 받지 못했다. 정량적인 점수가 설령 낮더라도 학생의 창업정신을 엿볼 수 있는 창업인재 가산점 도입 취지를 살리기 위하여 입학관리과 이다예 선생님은 창업지원단 장해선 선생님과 함께 차년도 입시에 반영할 창업인재 가산점 기준에 대해 고민했고 2018년 6월 창업지원단과 협업하여 2019학년도 편입학

항목	2018학년도	2019학년도
인정기준 확대	창업경진대회 수상실적	창업경진대회 수상실적
	창업지원사업 수혜실적	창업지원사업 수혜실적
		창업실적(매출 또는 고용)
인정범위 확대	정부 부처 주최(주관) 경진대회/ 지원사업 인정	창업 관련 단어 포함 경진대회/ 지원사업 인정
인정실적 확대	대통령상, 장관상 수상	대통령상, 장관상, 지자체장상, 차관상 수상
	2,000~3,000만 원 이상 수혜	1,000~3,000만 원 이상 수혜

표 2 창업인재 가산점 조정안

전형에 반영할 창업인재 가산점 기준을 아래와 같이 조정했다.

전년도와 비교했을 때 달라진 점은 창업실적(매출 또는 고용)을 새롭게 추가하여 가산점으로 인정한다는 점이다. 매출액 혹은 고용인원의 기준에 따라 A~D등급으로 분류했다. 또한, 창업경진대회 상의 훈격, 창업지원사업 범위 등을 확대했으며 수상 또는 지원기관을 정부 부처로 국한하지 않고 특정 단어가 들어간 대회 또는 사업으로 확대함으로써 보다 많은 지원자를 유인하고 실질적인 창업 관련 내용을 인정하여 창업인재 가산점의 실효성을

등위	가산점	창업경진대회 수상실적	창업지원사업 수혜실적	창업실적
인정기간		2014. 1. 1. ~ 2018. 12. 26.		
A등급	20점	대통령상 수상	–	매출 1억 원 이상 또는 고용 3인 이상
B등급	15점	장관상 이상 수상	3,000만 원 이상 수혜	매출 5천만 원 이상~1억 원 미만 또는 고용 2인 이상
C등급	8점	지자체장상, 차관상 이상 수상	2,000만 원 이상 수혜	매출 2천만 원 이상~5천만 원 미만 또는 고용 1인 이상
D등급	5점	–	1,000만 원 이상 수혜	매출 1천만 원 이상~2천만 원 미만

표 3 2019학년도 창업인재 가산점 기준

높일 수 있도록 기준안을 조정했다.

위와 같은 노력의 결과로 2019학년도 편입학 전형에서는 7명이 신청하여 4명이 창업인재 가산점을, 2020학년도에는 10명이 신청하여 7명의 지원자가 창업인재 가산점을 부여받았다. 2년간 창업지원사업 1명, 창업경진대회 3명, 창업실적으로 7명이 지원한 것을 비추어 볼 때 창업실적을 제출하는 지원자가 과반수 이상임을 알 수 있었다. 불과 2년 전에는 가산점 기준에 부합하는 지원자가 0명이었던 것을 고려하면 창업인재 가산점에 대한 홍보가 잘 이루어졌으며 창업 관련 잠재력을 지닌 학생들을 유인하는 역할을 톡톡히 해낸 것으로 평가할 수 있다.

학년도	2018학년도	2019년도	2020년도
창업인재 가산점 신청 인원	1	7명	10명
창업인재 가산점 부여 인원	0	4명	7명

– 세부내역 –

학년도	편입구분	지원자 모집단위	등급	창업가산점	세부내역
2019	일반편입	메카트로닉스공학과	B	15점	[창업지원사업] 3천만 원 이상 수혜
2019	일반편입	정보통신공학과	A	20점	[창업실적] 매출 1억 원 이상
2019	일반편입	컴퓨터공학부	B	15점	[창업경진대회] 장관상 이상 수상
2019	일반편입	경제학과	D	5점	[창업실적] 매출 1천만 원 이상
2020	일반편입	패션산업학과	A	20점	[창업실적] 고용 3인 이상
2020	일반편입	컴퓨터공학부(야)	A	20점	[창업실적] 매출 1억 원 이상
2020	일반편입	경영학부	A	20점	[창업실적] 매출 1억 원 이상
2020	일반편입	디자인학부	B	15점	[창업경진대회] 장관상 이상 수상
2020	학사편입	영어영문학과	A	20점	[창업실적] 매출 1억 원 이상
2020	학사편입	도시행정학과	C	8점	[창업실적] 매출 2천만 원 이상
2020	기회균형편입	독어독문학과	C	8점	[창업경진대회] 지자체장상 수상

표 4 2018~2020학년도 창업인재 가산점 신청 현황

　인천대는 창업인재 가산점을 부여하여 창업인재를 선발하는 것에서 그치지 않고 해당 학생이 입학 후에도 지속적으로 창업활동에 관심을 가지고 참여할 수 있도록 창업지원단과 연계하여 다양한 지원 시스템을 활용하도록 안내했다. 또한, 창업지원단 등 유관부서와 협조를 통해 창업인들을 대상으로 해당 가산점을 홍보함으로써 창업 경험을 갖춘 인재들에게 배움의 기회를 제공하여 실질적인 창업인재 양성을 지속적으로 추진할 계획이다. 이와 같이 입학관리과 구성원들은 창업인재 육성에 앞장섬으로써 인천대를 4차 산업혁명 시대에 대비하는 창업선도대학으로 만드는 데 일조할 것이라는 기대감에 부풀어있다.

구분	내용	
창업교육	창업친화적 학사제도	창업장학금
		창업휴학제
		창업대체학점인정제
	대학생 창업강좌	기초과정: 기업가정신, INU리더십
		실전과정: 실전창업
		심화과정: E비지니스창업, 아이디어와 창업, 글로벌 창업가정신 등
	창업동아리	창업동아리 집중케어: 지도교수, 전담멘토, 담당실무자 배정
		창업공간 지원(Do! Lab): 총 공간 406.6㎡ 제공
		아이템 기획/제작비 지원: 최대 5,000,000원 지원
		네트워킹 지원: 워크숍, 커뮤니티 구축 등
	창업경진대회	대한민국 창업리그, 항만물류 창업아이디어 경진대회 참가
	대학생 창업캠프	

표 5 인천대학교 창업교육 프로그램

사례작성자 김광열, 이다예
혁신사례 실행을 위해 참여한 구성원 권오중, 권혁준, 김경원, 김광열, 김길원, 김영주, 백종숙, 이다예, 이영애, 임병미, 임송희, 장해선, 함남우, 허진

청렴에서 시작한 사업을
혁신으로 세운 대학 MRO 사업

#행정의 혁신 #국내 최초

더 투명하고 더 효율적인 성공 법칙

출판문화원, 청렴에서 시작한 사업을 혁신으로 세우다

■ '보다 저렴하게, 더욱 편리하게, 가장 투명하게'

  인천대학교 출판문화원은 2017년 2월 24일 국내 대학 최초로 MRO 사업을 시작한 지 3년 만인 2020년 6월 26일 국내 대학 최초 물류 혁신 서비스를 런칭함으로써 대학 MRO 사업의 역사에 또 하나의 혁신사례를 만들었다.

  MRO는 Maintenance, Repair, Operations의 약자로 소모성 자재를 구매하고 시설을 유지 보수하는 데 들어가는 물품과 서비스를 제공하는 회사를 지칭하는 경영학 전문 용어이다.

출판문화원에서 MRO 사업을 주도해 오면서 추구했던 사업 모토는 3가지이다.

첫째, 좋은 상품을 찾아 더 저렴한 가격으로 제공하자.

학교의 소모성 제품 구매에 소요되는 예산은 한정되어 있다. 따라서 같은 물건을 저렴하게 구매함으로써 비용 절감이 발생하고 이는 결국 학교의 이익 증대로 이어져 학생들에게 더 많은 혜택을 제공해줄 수 있는 밑거름이 될 것이기에 사명감을 갖고 업무 추진했다.

둘째, 좋은 상품과 좋은 가격은 기본, 편리한 서비스까지 제공하자.

B2B 사업이 B2C 대상 사업과 다른 점은 바로 타겟이 정해져 있다는 것이다. 구매자가 누구인지 확실히 알고 있고, 그 구매자가 속한 기관의 특성도 잘 알고 있기 때문에 학교 MRO 서비스는 구매자의 업무 효율을 높이는 서비스가 중요하다. 구매 프로세스상 요구되는 견적의뢰부터 결제까지 거쳐야 하는 단계를 효율적으로 단축시킬 수 있는 방법을 찾아 서비스화시킴으로써 구매자의 만족도를 높일 수 있는 기틀을 마련하고자 노력했다.

셋째, 투명한 거래 환경을 제공하자.

대다수가 소비할 때 가장 궁금해하는 부분은 과연 남들보다 좋은 가격에 잘 구매 했는지 여부를 알고 싶어 한다는 것이다. 이러한 소비자의 심리에 기반하여 온라인 쇼핑 시장에 최저가 검색엔진이 도입되었고, 다양한 상품을 한꺼번에 가격비교를 할 수 있는 오픈마켓의 활성화로 이어져 결국 모든 이가 스마트컨슈머 smart consumer 가 된 세계가 되었다. 이는 소비자와 공급자 간의 투명한 거래 환경을 제공하게 되었고 이로 인해 오프라인 시장은 축소되고 전 세계 온라인 쇼핑 시장이 급성장하는 결과를 낳았다. 통계청에 따르면 2020년 4월 기준 우리나라는 온라인 쇼핑몰 거래액이 약 12조 26억 원이며 이 수치는 전체 시장의 66.3%를 차지하는 것으로 나타났다. 이에 맞춰 출판문화원은 교내에 서비스되는 상품의 모든 공급처 가격을 실시간으로 비교하여 최저가를 제공함으로써 자연스럽게 주변 지역 업체들도 합리적인 가격을 제공하는 환경이 조성되도록 노력했다.

출판문화원은 3가지 사업 모토 중 특히 세 번째 '투명한 거래 환경 제공'에 가장 큰 비중을 두고 운영하였는데 이는 인천대학교에서 출판문화원을 설립한 동기에서 비롯되었다. 2016년 실시한 국공립대학 청렴도 측정 결과에서 인천대학교는 총 36개 대학 중 28위를 기록하며 저조한 성적을 받았다. 이에 조동성 총장은 문제의 심각성을 느끼고, 원인 파악 결과 예산 집행 프로세스가 투명하지 않음을 알게 되었다. 이러한 상황은 교내 MRO 도입의 결정적 계기가 되었고, 출판문화원에서는 이를 가장 비중 있는 과제로 여기면서 사업을 추진하였다.

■ '대학 MRO의 상전이, 출판문화원에서 시작되다'

상전이 phase transitions 는 0도의 경계에서 물이 얼음으로, 얼음이 물로 자유롭게 순환하는 복잡계의 갑작스러운 변화를 나타내는 물리학 용어이다. 물리학자이면서 바이오테크 기업 창업자이자 최고경영자인 사피 바칼은 자신의 저서 '룬샷 moonshot'에서 비즈니스의 혁신과 안정 사이 변화 갈등을 상전이에 비유했다. 물이 가득한 호수에 물 한 방울을 떨어뜨리면 그 분자는 다른 물과 섞이는 것이 용이하지만 얼음으로 얼어버린 호수에 물 한 방울을 떨어뜨리면 그 분자는 같이 얼어버린다.

비즈니스나 조직에서도 혁신을 위한 변화의 시도는 스며들 수도 있고 묻혀 버릴 수도 있다. 그러나 노력이 모여 어느 순간 특정 지점에 도달하면 작은 변화만 일어나도 급격한 변화가 생기는데, 이같이 상전이는 모든 비즈니스나 조직에서 공통으로 발생하는 현상이기에 이 원리를 활용해서 어떻게 혁신을 이끌 수 있을지를 고민했다.

구매 부서가 별도로 없는 인천대학교는 소모성 자재 구매를 각 부처의 자율에 맡겨 운영했고 최종 구매 결정 시 재무팀의 승인을 통해 결제가 진행되기에 과거에는 결제 이전 단계의 구매 과정에 대한 검증이 별도로 이뤄지지 못했다. 이로 인해 학교 예산과 직결되는 비용 집행의 투명한 검증이 요구되었고 해당 검증은 학교 내부가 아닌 외부의 별도 기관에서 이에 대한 객관적인 원인 파악과 개선점을 찾는 것이 낫다고 판단하여 출판문화원 학교법인을 세우고 교내 MRO 사업을 추진하게 되었다. 이렇게 시작한 작은 변화의 시도가 교내 구성원의 일부 참여에서 전 구성원의 의무적인 참여를 이끌어 낸 '인천대 구매입찰 자동화시스템'을 구축했고 이는 제2의 혁신을 이끄는 도화선이 된다.

■ '1차 혁신에서 2차 혁신을 낳다'

2020년 4월 17일, 인천대학교는 투명한 거래의 표본인 '구매입찰 자동화시스템'을 런칭하였다. 국내 대학은 물론 해외에도 전례가 없는 시도였다.

2020년 2월, 출판문화원은 MRO 혁신 프로젝트에 참여했다. 목적은 하나, 완벽한 거래 투명성을 사람의 손이 아닌 시스템을 통해 구현하는 것이었다. 이를 위해서는 다자간의 공급이 가능한 오픈마켓 형식으로 구축이 되어야 하고 이는 결국 출판문화원의 입장에서는 하나의 참여 공급업체가 되어 기존보다 시장 점유율이 줄어드는 리스크가 발생한다. 사업의 안정성을 취하기 위해서라면 반대의견을 제시하고 참여하지 않는 것이 맞다. 그러나 구매 패턴과 방식의 진화는 공급자가 아닌 소비자가 만드는 것이고 이는 기술의 진화와도 밀접한 연관이 있다.

가까운 과거 90년대만 해도 사무실에서 사무용품을 구매하려면 필요할 때마다 직접 근처 판매처를 가던지, 전화로 주문을 해서 물건을 받았다. 이런 방식은 결국 회사 차원에서는 비용 관리를 위해 예산 설정이 요구되었고 이에 더 나아가 비용절감을 위해 구성원의 니즈를 배제한 소품종 대량구매 형태의 일괄 구매를 진행했다. 시간이 흘러 온라인구매가 활성화되고 이에 맞춰 부서마다 구매 성향과 니즈를 반영한 물품 구매가 요구되었으며 대기업의 경우에는 다양한 성향의 자회사와 계열사들을 두고 있었기에 다품종 대량구매가 가능한 MRO 전문 회사를 설립하여 일괄 관리를 맡기고 구매 및 비용 관리가 진행되었다.

출판문화원도 교내 MRO 서비스를 제공하면서 같은 고민을 하였다. 점점 더 상품은 다양화되고 소비자의 니즈도 구체적이고 개인 맞춤형 서비스를 원하기에 하나의 회사가 모든 것을 커버하는 것은 불가능하다. 분야별 전문성을 갖추고 있는 공급사들을 끌어모을 수 있는 구매 플랫폼이 구축되는 것이 가장 이상적인 형태라고 판단했다. 그리고 그 방향성에서 이상이 아닌 현실로 만들기 위해 3년간 MRO 사업을 진행하면서 파악된 문제점과 개선안 그리고 상품관리부터 최저가 공급, 운영관리 노하우까지 모든 것을 담기로 결심했고 3개월의 프로젝트 후, 그 결실을 보게 되었다.

■ '룬샷, 변화의 시대에 필요한 강력한 경영 공식'

인천대학교 혁신 이야기 1편에 수록된 출판문화원의 성장 이야기를 읽은 분들은 쉽게 이해가 될 것이다. 아무도 반기지 않는 변화, 그 중심에 출판문화원이 있었다.

모든 사람이 기대하고 그 결과를 위해 많은 것을 투자하는 달에 우주선을 보내는 프로젝트를 일명 문샷moonshot이라고 한다. 그 반대의 개념이 룬샷loonshot인데 출판문화원의 MRO 사업은 바로 룬샷과 같은 취급을 받았다.

사피 바칼은 룬샷을 다음과 같이 정의하고 있다.
1. 제안자를 나사 빠진 사람으로 취급하며 다들 무시하고 홀대하는 프로젝트
2. 그러나 전쟁, 의학, 비즈니스의 판을 바꾼 아이디어

그렇다면 문샷은 기업의 성공을 보장하는가? 기업은 룬샷을 어떻게 다뤄야 하는가? 좀 더 쉽게 이해를 돕기 위해 예를 하나 들어보겠다.

노키아Nokia는 세계 최초 셀룰러 네트워크와 세계 최초 카폰, 최초로 대대적인 성공을 거둔 무선전화 시장을 개척한 회사이다. 2000년대 초반까지 지구상 휴대폰의 절반을 판매하고 유럽에서 가장 가치 있는 기업이 됐다. 2004년 성공 가로를 달리던 그때 엔지니어 몇몇이 완전히 새로운 종류의 전화기를 만들었다. 인터넷이 가능하고 커다란 컬러 터치스크린에 고해상도 카메라가 달린 전화기였다. 여기에 더해 미친 아이디어를 하나 더 제안했다. 바로 온라인 앱스토어를 만들자는 것이었다. 기업의 지도부는 두 가

지 아이디어 모두를 깔끔히 묻어버렸고 3년 뒤 애플의 스티브 잡스가 아이폰을 공개했다. 5년 뒤 노키아는 브랜드 가치가 떨어졌고 결국 2013년 모바일 사업 부문을 매각하기에 이른다.

혁신은 과거의 문제인식을 통한 도전이자 실행을 통한 산물이다. 공공성과 투명성, 최근에는 효율성까지 강조되는 학교 역시 과거의 방식에서 벗어나기 위한 과감한 혁신이 요구됐다. 인천대학교 역시 MRO가 도입되기 전에는 통일된 기준 없이 부처별 필요 물품을 중구난방으로 구매했으며, 고정 거래 업체의 경우 매달 일정 금액을 카드로 미리 선결제하고, 후차감 하는 방식으로 운영되면서 투명한 비용 관리가 사실상 불가능했다. 정확한 금액 파악이 힘들어 가격 비교는 어려웠으며, 견적서의 출처조차 불분명했다. 이와 같은 관행은 국공립대학 청렴도 측정 결과에서 저조한 성적을 받은 요인으로 시급한 개선이 필요했다.

문제 개선을 위해 인천대학교는 2017년 2월 ㈜인천대학교 출판문화원이라는 이름으로 법인을 설립했고, 2018년 4월부터 MRO 사업을 본격적으로 시작했다. 전국 대학 최초로 시행된 MRO 사업이었기에 벤치마킹할 수 있는 대상이 없었다. 일반적으로 MRO 사업은 대기업에서 소요되는 대량의 소모성 사무용품 및 자재 등을 그룹 내에서 효과적으로 구매, 창구를 일원화하기 위한 목적으로 추진되었다. 이윤 추구가 궁극적 목적이고, 업무 효율성 향상을 위한 개선활동에 익숙한 대기업들도 MRO 사업 특성상 적은 이익률로 인해 운영이 쉽지 않은 상황이다. 이러한 상황에서 사업 노하우가 부족하고, 공공성에 초점이 맞춰져 있는 대학에서 MRO 사업을 추진한다는 것은 사실 쉽지 않은 선택이었다. 하지만, MRO 사업이 비용 절감을 통한 손익 개선, 편리성 강화를 통한 업무 효율성 향상, 공정한 사업 추진으로 투명성이 확보된다는 긍정적 효과는 자명했기에 여러 어려움에도 불구하고 과감히 도전하였다.

그리고 3년 뒤 또 다른 론칭이었던 '구매입찰 자동화시스템' 구축을 통해 학교가 그간 주요 물품 기준으로 약 30%의 비용절감을 이루게 되었다.

조동성 총장은 지난 3년간 교내 MRO 서비스 변화 단계를 다음과 같이 말했다.

"이번 코로나 팬데믹 사태를 겪으면서 심리학에서 설명하는 변화에 대한 사람의 반응 패턴은 첫 번째 충격, 두 번째 분노, 세 번째 체념, 네 번째 적응인데 저는 그다음 다섯 번째가 혁신이라고 봅니다. 과거에 우리가 모르던, 경험하지 못한 것에서 지금까지 어느 누구도 생각하지 못했던 혁신적인 발상과 방법이 나오는 겁니다."

사업 1단계(2017-2019년): MRO 서비스의 진화와 성과

■ '동반 성장, 상생을 위한 노력'

국내 대학에서 전례가 없는 MRO 사업이었기에 사업 추진 도중 예상하지 못했던 다양한 어려움에 직면했다. 출판문화원의 MRO 사업 초기에는 지역 경제 활성화라는 명분으로 정해진 기준이나 조건 없이 공정한 방식으로 지역을 포함한 MRO 업체를 공개 입찰로 선정했다. 하지만, 좋은 취지와 달리 위탁사의 경영난이 발목을 잡았고, 안정적인 공급에 큰 걸림돌이 되었다. 일반 기업체에서는 구매팀에서 회사 내 규정이나 조건을 면밀히 검토 후 부합할 경우 선정하는 방식과 달리 인천대학교에서는 각 부처의 자율적 권한에 맡기다 보니 출판문화원의 입장에서 안정성이 보장된 업체 선정의 어려움을 겪었다. 또한, 사업 초기부터 교내 출판문화원을 통한 MRO 서비스 이용이 의무가 아닌 권고 사항이었기 때문에 각 부처의 이용률이 높지 않아 위탁사의 리스크도 무시할 수 없었다.

그럼에도 불구하고 출판문화원은 교내 서비스 안착을 위해 내부 구성원들은 물론 그간 학교의 부처와 오랫동안 거래해온 지역 업체들의 피드백을 MRO 서비스 성장의 발판으로 삼고자 했다. 피드백을 모은 결과 불편한 진실의 공통점을 찾고 정리할 수 있었다.

우선 교직원 입장에서의 의견은 다음과 같았다.

첫째, 가격 메리트가 없다는 점이다. MRO B2B 온라인몰의 판매 가격이 네이버 쇼핑이나 쿠팡보다 비싼 경우가 많았다. 또한, 구색이 다양하지 못해 필요 물품을 제때 구입하지 못한다는 애로사항도 접수되었다.

둘째, 행정 처리 절차가 너무 복잡한 점이다. 교내 프로세스 상 구매요청부터 상품 검수와 결제까지 최소 7단계 이상을 거쳐야 하므로 업무의 효율성이 떨어진다는 것이다.

셋째, 비용 절감을 위한 수치 관리가 불가능하다는 점이다. 구매 자율성을 둔 금액 이하의 구매 건은 세부 항목별 단가 확인이 어렵다. 또, 단가가 높은 해외 수입품이나 특수성 제품(실험용 기자재), SW, 공사 관련 자재의 경우 제한된 공급사들의 취급품목으로 비교견적을 통한 비용 절감 수치 측정이 어렵다는 것이다.

넷째, 기존 방식 대비 편리성이 떨어진다는 점이다. MRO 도입 전에는 단골 거래처에 전화 한 통이면 언제든지 납품, AS 등 다양한 서비스가 가능했는데, 지금은 구매 절차도 복잡하기에 과거보다 편리한 점을 발견하지 못하겠다는 의견이 많았다.

지역 업체들 역시 다음의 공통된 어려움을 토로했다.

첫째, 다년간 쌓아온 영업망에 위협이 된다는 것이다. 학교와 적게는 수년, 많게는 수십 년 거래하며 쌓아온 영업 노하우와 관계로 다져온 매출에 타격을 주는 MRO 서비스는 지역 상생에 지장을 준다는 것이다.

둘째, B2C 판매가격과 B2B 판매가격을 단순 비교하는 것은 부당하다는 것이다. B2C 대상 판매의 경우 단품별 전국적인 판매가 이루어져 대량 구매가 가능하나 B2B 대상 판매의 경우 다품종 소량 구매인 상황에서 단순 가격 비교는 타당치 않다는 것이다.

셋째, 고객 만족을 위한 기대 이상의 서비스는 무리한 요구라는 것이다. 최저가 공급을 위한 비교 견적 제공 및 일괄 결제 후 고객 맞춤형 납품 서비스까지 요구하는 것은 규모가 작은 지역 업체들이 감당하기 어렵다는 것이다.

넷째, 신생업체들의 참여가 어렵다는 것이다. 온라인쇼핑의 발전으로 유통업계 확장에 따라 신생업체들이 늘어나는 추세이고, 이들이 가격과 상품 경쟁력을 갖고 있어도 기존 거래업체들이 포진하고 있는 교내 시장 진입에 어려움이 있었다.

이제는 출판문화원이 학교 MRO 사업자를 넘어 학교와 지역 간의 동반성장과 상생을 위한 건강한 MRO 서비스를 만드는 주체적인 역할을 하기 위해 다시 사업을 세우는 자세로 돌아가야 했다. 이에 따라 지금까지 MRO 사업을 추진하면서 발생된 문제점 개선을 위해서는 우선 함께 지속적으로 성장할 수 있는 전문성을 갖춘 MRO 위탁사 선정이 필요했다. 입찰 참가 자격을 이전보다 세부적으로 지정하고, 필수 요구 조건을 반영하여 공개 입찰 방식을 진행했다. 그 결과 2019년 7월 국내 B2B/B2C 전문쇼핑몰 운영 기업인 ㈜인터파크비즈마켓을 새로운 MRO 위탁사로 선정해 전략적 파트너십을 맺게 되었다.

■ '나부터 만족할 수 있는 서비스가 기본'

2019년 하반기, 출판문화원은 달라져야 했다. 무엇보다 서비스사업은 기본에 가장 충실해야 한다고 생각했다. 남을 만족시키는 마인드가 아닌 나 자신에게 떳떳할 수 있는 서비스를 만들기로 결심했고 그 첫 단계는 '합리적인 가격' 수립이었다. 과거부터 시행되어 오던 고정 이익률은 가격 경쟁력 확보에 큰 걸림돌이 되었음을 확인했다. 사업 초기 출판문화원은 MRO 서비스 제공을 위해 가입한 기업과 일정 수준의 고정 이익률로 계약했다. 어떤 상품이든 무조건 고정 이익률을 적용했기 때문에 탄력적 가격 설정이 불가능했고, 이는 결국 B2C 온라인 사이트 내의 최저가 정보와 비교되어 소비자의 불신은 물론 업체 경쟁력 약화, 교내 MRO 사이트의 이미지 저하에도 큰 영향을 미쳤다.

즉각 문제 해결을 위해 기존의 고정 이익률을 없애고 '저마진$^{low-margin}$ 정책'으로 방향을 세웠다. 이에 맞춰 지역 업체와 수시로 소통하면서 탄력적이면서 B2C 마켓보다 저렴한 가격을 제공하기 위해 노력했다. 그 결과 품목별 원가 관리를 통해 탄력적인 시장 가격이 반영된 합리적인 판매가가 형성되면서 4분기(19년 12월~20년 2월)까지의 총매출액은 한 해 매출액의 51.3% 이상을 차지하는 결과를 가져왔다.

두 번째 단계는 'CS Customer Service 대응력 강화'였다. 그동안 B2B 서비스는 내부 서비스라는 인식으로 다양한 고객층을 다루는 B2C 서비스와는 다르게 CS를 크게 우선시하지 않았다. 그러나 출판문화원은 CS 간과로 인해 서비스 불만족은 물론 궁극적으로 판매에도 악영향을 미친다는 것을 인지하고 적극적으로 개선해 나갔다. 소비자인 학교 교직원은 물론 거래하는 모든 협력업체 그리고 파트너사와도 상생을 위해 취합한 문제점들을 면밀히 분석하며 즉각 개선사항으로 반영하고 해결하고자 노력했다.

2019년 9월 3차례에 걸쳐 MRO 서비스 설명회를 개최했다. 기존에 문제가 되었던 점들을 어떻게 개선했는지 설명하는 것은 물론, 소비자들의 가감 없는 피드백도 그 자리에서 듣고자 했다. 그리고 기획자나 운영자의 관점이 아닌 '내가 소비자다'라는 관점으로 시스템에 접근해 불편한 점은 무엇인지 꼼꼼히 체크했다. 가격, 상품 구성, 접근성 등 출판문화원의 모든 구성원이 소비자의 마음으로 사이트를 이용하면서 문제점이나 개선이 필요한 사항이 무엇인지 파악하고, 파트너사와 긴밀히 협력하였다. 또한, 학교 교직원들과 다양한 방법으로 소통할 수 있는 창구도 마련했다.

기존의 협력업체들과 상생을 위한 노력도 소홀히 하지 않았다. 출판문화원의 MRO 사업을 본격적으로 시작한 이후 교내 각 부처와 직접 거래하던 기존 지역 업체들로부터 그들의 생존권을 위협하는 행위라는 반발을 받아왔다. 출판문화원이 인천대학교의 특혜를 받는 회사라는 오해와 터무니없는 루머가 퍼지기도 했다. 사업 초반 소비자인 구매 부처와의 관계에 포커스를 두었기에 이러한 오해를 낳았고 이후 지역 업체들을 수용하여 더욱 효과적인 공급망을 구축하고자 노력했다. 대부분 규모가 작고 영세한 지역 업체들이 영업부터 상품 공급, 결제 및 사후 서비스까지 교내 밀착 서비스를 제공하려면 지속적으로 인력이 투입되어야 하는데 출판문화원은 이들의 인건비에 대한 부담을 줄이고 함께 안정적인 공급체계를 갖출 수 있는 방안을 모색하여 상생할 수 있는 방안을 찾기 위해 끊임없이 모색했다. 이를 통해 2019년 12월 운영데이터 집계결과 교내 고정 구매 부처가 초기 총 108개 부처 중 20여 개에서 연말에는 102개 부처로 늘어났다.

■ '수용을 넘은 차별화 서비스 준비'

　MRO 사업 추진 중 여전히 기존 협력업체들의 반발이 있었으나 투명성과 공정성이라는 핵심 가치는 끝까지 고수했다. 지역 업체라는 명분으로 특혜나 혜택이 있어서는 안 되기 때문이다. 다만, 지역 업체만이 가지고 있는 경쟁력은 충분히 활용하고자 노력했는데, 이유는 지역 업체의 경쟁력은 결국 교직원 업무 효율성 향상에도 이바지할 것이기 때문이다. 지역 업체만이 가능한 빠른 배송, 밀착서비스와 같은 장점은 타지역 업체들이 결코 따라올 수 없는 경쟁력으로 이번 2020년 6월 도입된 국내 대학 최초 물류 혁신 서비스인 '구매·배송 119서비스'를 만들어낸 아이디어의 근원이자 원동력이 되었다.

사업 2단계(2020년): 구매입찰 자동화시스템 구축과 물류 혁신 서비스 런칭
■ '변화의 시작은 문제 인식'

　2020년 2월, 출판문화원은 제3기 사업연도를 마치고 제4기 사업연도를 시작하기 전 고민을 하고 있었다. 매출도 성장하고 있었고, 서비스도 나아져 다른 부처에도 좋은 피드백이 전달되어 평판이 좋아지고 있었기 때문에 밀어 두었던 휴가나 회식을 진행해도 무방해 보였다. 그러나 이런 때 정유진 원장은 출판문화원의 향후 방향성에 대한 과제를 안고 고민 끝에 3가지 안을 들고 총장에게 보고를 드렸다.

'보고서 제목: 인천대학교 MRO 시스템 개선을 위한 방안 검토(안)'

제안 목적은 부처별 소모성 자재 구매 및 비용 집행의 투명성 확보와 업무의 효율성 증대, 이 모두를 통합 실현시킬 수 있는 인천대학교 MRO 시스템 개선 방안 검토를 위한 것이었다. 여기에 4가지 필수 고려사항을 갖고 제안했다.

첫째, 즉시 실행 가능 여부

둘째, 영구적 제도화 가능 여부

셋째, 시스템 편의성

넷째, 합법성 여부

이를 바탕으로 총 3가지 제안을 했고, 그 중 첫 번째 안이었던 '공개입찰 사이트 신규 구축'으로 의견을 모았다.

서울대학교는 2019년 6월에 소모성 제품 일부(사무용품, 위생용품)만 MRO 서비스를 시행했다. 인천대학교에서 도입한 지 2년 만의 일이었다. 그러나 서울대학교가 채택한 방식은 외부 기관이 아닌 내부 재무팀에서 업무를 주도하는 것이었다. 내부기관에서 관리하기 때문에 비용집행과 관리가 용이하나 한계점은 구매의 다양성을 보장하지 못하고 비교견적을 통한 구매 결정 근거 및 비용절감을 파악하기 어렵다는 점이었다. 출판문화원은 기관별 MRO 서비스의 특수성을 비교분석 한 뒤, 2018년 도입된 인천대학교의 MRO 서비스에 대한 문제점 파악도 같이 들어갔다. 그동안 출판문화원은 여러 차례 개별 또는 공식적으로 개선 요청 사항을 받아왔지만 학교 입장에서는 공식적으로 내부 피드백을 정리한 적이 없었기에 2020년 2월부터 시작된 MRO 혁신 프로젝트를 통해 재무회계팀과 함께 다음과 같은 5가지로 문제 원인을 정리했다.

첫째, 서비스 상품 다양성 부족

2018년 도입된 MRO의 경우 사무용품에 한정되어 있어 학교 실정에 맞는 다양한 물품 구매가 어려웠으며 배송이 지연되는 경우도 많았다.

둘째, 복잡한 구매 행정절차로 업무 효율성 저하

구매 물품 취합부터 견적의뢰, 비교견적 추가 등 물품을 구매하기 위해 복잡한 단계를 거쳐야 했기에 업무 효율성이 떨어졌다.

셋째, 구매 데이터 관리 부재

대학별, 학과별 구입 물품에 대한 데이터 측정 및 관리가 어려워 향후 더 나은 개선 전략 수립이 불가능했다.

넷째, 단일 견적 또는 수의계약 건으로 인한 비용 누수

2,200만 원 이하 물품의 나라장터 쇼핑몰을 통한 PC 등 전자제품 구매 물품 비용이 일반 구매 물품에 비해 고가로 과다 비용이 발생했다.

다섯째, 신생업체의 교내 진입 어려움

경쟁력을 갖춘 신생 업체가 있어도 참여가 어려워 공정한 경쟁시스템 도입이 필요했다.

MRO 혁신 프로젝트 구성원인 재무회계팀 조명순 팀장과 나연중 선생님과 함께 위와 같은 문제를 해결하기 위해 다음과 같이 개선안을 도출했다.

첫째, 자동화 시스템을 통한 행정업무 프로세스 개선

둘째, 자유경쟁체제 도입을 통한 공정한 시장진입 통로 마련

셋째, 다양한 공급망을 확보하여 상품의 다양성 확보

넷째, 입찰시스템을 통한 구매정보 빅데이터 관리

다섯째, 비용절감을 통한 교내 혜택 선순환

개선하고자 하는 분명한 목표가 있었기에 구매입찰 자동화시스템 구축은 탄력을 받을 수 있었고 그 결과는 수치적으로도 나타났다. 2019년까지 출판문화원은 사업 1단계로 인천대학교에서는 출판문화원을 통해 구매 물품의 비교 견적이 이뤄졌다. 이로 인해 실제 재무팀의 분석결과 약 20%의 비용절감이 일어났다. 사업 2단계인 2020년부터는 구매입찰 자동화시스템이 도입된 시기로 대학 자체 시스템을 통해 모든 구매물품 견적서를 통합관리 및 자동으로 낙찰자를 선정하고 있다. 현재의 시스템이 도입된 이후 약 2개월의 데이터를 재무팀에서 분석한 결과 약 9% 정도의 추가적인 비용절감이 일어났다.

그리고 초기 문제인식을 통해 도출한 개선안을 반영한 구매입찰 자동화시스템은 운영 3개월 만에 다음과 같은 성과를 얻게 되었다.

첫째, 기존의 2~3개에 한정된 업체 참여 방식이 아닌 구매요청서 100% 공개에 따른 입찰 신청 업체 확대로 보다 우수한 품질의 물품을 저렴하게 공급받을 수 있게 되었다.

둘째, 공정한 경쟁 체제를 시스템화시킴으로써 모든 업체의 개별 온라인

참여를 통해 업체 상호 간 가격 담합이 불가능해졌다.

셋째, 과거의 복잡한 행정 절차를 거치지 않고 총 7단계의 구매절차 중 3단계를 자동화시킴으로써 업무 효율성을 향상시켰다.

넷째, 과거 국공립대학 청렴도 조사에서 최하위 점수를 받았던 것에서 벗어나 지금은 투명하고 효율적인 시스템 도입을 통해 대외적으로 모범 사례로 인정받고 있다.

출판문화원을 통한 MRO 서비스 시작부터 구매입찰 자동화시스템 도입에 이르기까지 MRO 서비스가 도입되기 전의 구매 비용과 비교한 결과 전체적으로 약 31%의 비용 절감 효과가 일어난 것으로 재무회계팀에서는 분석하고 있다.

그리고 더욱 주목할 부분은 앞서 출판문화원이 지속해서 주장한 '상생'도 이뤘다. 첫 2개월 동안 이루어진 입찰시스템의 결과를 분석한 결과 전체 낙찰 건 중 71%가 지역 업체인 것으로 나타났다. 이는 학교가 지역사회에 미치는 긍정적인 효과이자 성과라고 말할 수 있다.

■ '최초에서 최고로!'

지난 3년간 출판문화원은 기존에 없던 새로운 길을 개척한다는 심정으로 MRO 사업의 혁신적인 변화를 주도해 왔다. 교내 MRO 사업을 시작으로 유통과정 자동화를 위한 시스템 개선, ㈜인터파크비즈마켓과 전략적 제휴, 서비스 고도화, 구매입찰 자동화시스템 구축 그리고 '구매·배송 119서비스' 도입까지 괄목한 만한 성과도 많이 창출했다.

'구매·배송 119서비스'는 학교 운영에 필요한 상품 중 빠르고 신속하게 제공되어야 하는 상품들을 빅데이터 기반으로 온라인몰에서 관리하고, 구매자가 온라인몰을 통해 구매하면 문앞까지 당일 배송이 진행되는 언택트untact 자동화 서비스이다. 119 서비스라 명명한 이유는 긴급한 물품 구매를 돕는 상징적 의미와 함께 인천대학교의 주소인 아카데미로 119를 반영, 인천대학교만의 서비스란 의미가 내포되어 있다. 이는 국내 최초로 대학 MRO 서비스를 도입한 지 3년 만에 또다시 국내 대학 가운데서는 처음으로 물류 혁신 서비스를 업그레이드하는 성과를 낸 것이다.

본 신규 서비스는 출판문화원의 파트너사인 ㈜인터파크비즈마켓과 함께 이룩한 성과로 교내 MRO 서비스가 단순히 투명하고 효율적인 구매 과정을 보여주는 데 그치지 않고 구매 이후의 필수 사항인 상품 검수를 배송 전 시행하여 고객에게 안전하게 상품을 인도하는 과정까지 서비스의 폭을 확장하고 소비자 만족을 높일 수 있도록 고안된 교내 맞춤형 서비스이다.

이번 서비스 런칭을 통해 전국 대학에 효과적인 전파, 지역 상생이라는 비전을 좀 더 빨리 달성할 수 있으리라 기대해 본다. ㈜인터파크비즈마켓의 경우 전국적인 네트워크를 가진 플랫폼 기업으로서 서비스 실행 후 얻게 되는 소중한 데이터들을 효과적으로 관리, 활용할 수 있기 때문이다.

'최초'라는 말은 그 누구도 시도하지 않았던 분야에 처음으로 도전했다는 의미를 지닌다. 그만큼 힘들고 어려운 길을 개척해왔다는 의미가 있기에 매우 의미 있는 단어라고 생각한다. 우리가 지금 편하게 걸어 다니는 길은 없던 길을 만들었던 누군가의 헌신적인 노력이 있었기 때문에 가능한 것이다. 출판문화원은 지난 3년간 땅을 다지고, 가시나무를 제거하면서 길을 만들었던 개척자의 마음을 항상 잊지 않으면서 '최초를 넘어 최고'가 되기 위해 항상 노력할 것이다.

향후 계획

■ '언택트^{untact} 트렌드를 반영한 3차 혁신 준비'

시대가 변함에 따라 소비자들의 소비 패턴도 빠르게 변화하고 있다. IT 기술의 급격한 발전 및 최근 코로나 사태의 영향으로 기존의 오프라인 매장보다 소셜커머스, 온라인 마켓플레이스와 같은 온라인 형태의 매출이 급성장하고 있다. 또한, 최근의 소비자들은 보다 편리하고 신속한 방식을 선호하고 있는데, 이러한 소비 패턴의 변화는 비단 개인 소비자만의 이야기는 아닐 것이다.

최근 우리는 팬데믹 이후 전 세계적으로 유례가 없던 장기적인 사회적 거리 두기 문화를 요구함에 따라 소비에서도 이를 반영한 트렌드를 보여주고 있다. 모바일 측정, 광고 해킹 예방 및 사이버 보안 분야 업체인 애드저스트^{Adjust}가 모바일 앱 마케팅 및 리타게팅 전문 기업 리프트오프^{Lisftoff}와 함께 2020년 6월 '모바일 쇼핑 앱' 보고서를 발표했다. 이 보고서에 따르면 전 세계 모바일 쇼핑 앱은 오프라인 시장이 감소하고 '언택트^{untact} 소비'가 부상하는 새로운 환경에서 브랜드의 성장을 견인하고 있다고 한다. 코로나 19의 여파로 '집콕' 생활이 장기화되면서 모바일 쇼핑 이용량도 증가하고 있으며, 리프트오프 CEO 마크 일리스는 "지난해 아마존, 플립카트, 알리바바와 같은 대형 유통업체들의 매출 증가가 전체 유통시장의 성장으로 이어지면서 연중무휴 모바일 쇼핑 환경이 조성되었다. 이러한 추세는 지속될 것으로 보인다."라고 전망했다.

이러한 B2C 유통시장의 변화에 맞춰 B2B 유통시장 또한 소비자의 변화와 트렌드에 맞춰 준비를 해야 한다. 행정업무도 온라인뿐만 아니라 모바일에서도 기안 결재가 가능한 시스템이 만들어졌고 보편화되고 있기에 B2B 구매 시장도 모바일 환경에 맞춰 준비하고 노력해야 한다.

아울러 사용자 소비 환경에 대한 대비뿐만 아니라 가장 중요한 부분은 사용자 구매 데이터를 어떻게 의미 있게 활용하느냐에 더 집중할 필요성이 있다. 기업이나 공공기관에서도 효율성 향상을 위해 혁신적인 시스템 도입과 함께 빅데이터를 활용한 업무가 보편화되었다. 인천대학교 MRO 사업 추진 배경 역시 공정성과 투명한 업무 처리를 통한 학교 이미지 쇄신이라는 점 이외에도 시대적 요구에 따라 비용 절감, 업무 효율성 향상과 더불어 소비 패턴 진화에 따른 서비스 혁신이라는 과제도 분명히 내포되어 있다. 빠르게 변화되는 시대에 변화는 이제 생존을 위한 필수 불가결한 당면과제이기 때문이다.

구매입찰 자동화시스템은 '견적의뢰 – 견적취합 – 비교견적요청 – 최저가 업체선정 – 품위진행'으로 이어지는 일련의 과정들을 원스톱으로 처리하는 혁신 4단계를 앞두고 있다. 행정 간소화가 필요한 궁극적 이유는 교직원들이 불필요한 시간을 낭비하지 않고, 본연의 업무에 집중함으로써 학생들에게 보다 많은 혜택과 편의가 돌아가도록 하는 것이다. 이를 위해서는 교내 각 부서에서 추진하는 업무 중에 비효율적인 업무를 개선해 주어야 하는데, 물품 구매에 소요되는 시간이나 노력 역시 결코 간과할 수 없는 부분이기에 이에 발맞춘 교내 MRO 서비스의 진화를 위한 노력은 계속되어야 한다.

■ 'SCM은 성공의 열쇠'

  가격이 아무리 저렴해도 필요한 물품이 없다면 무용지물인 것처럼, 구색이 다양해도 가격 경쟁력이 없다면 구매까지 이어지지 않는다. 더 중요한 것은 이러한 상품과 가격이 소비자에게 당도하기까지 거치는 원재료의 생산, 유통 등의 공급망 단계를 최적화시켜야만 수요자가 원하는 시간과 장소에 원하는 상품을 제공할 수 있고 재구매율을 높일 수 있다. 이것이 바로 유통사업의 핵심인 공급망 관리, 즉 SCM$^{\text{Supply Chain Management}}$이라는 경영전략시스템의 기본개념이다.

  삼성전자의 SCM 혁신은 기술력과 더불어 글로벌 기업으로 성장할 수 있었던 원동력이었다. 초기에는 생산량과 주문량을 파악하여 재고를 줄이는 것을 목표로 삼았으나 생산과 유통 관리를 통해 소비자에게 제공되는 서비스를 최적화시킬 수 있게 되니 이는 결국 브랜드 인지도를 상승시키고 기업 가치를 높이는 일환이 되었다. 특히 포스트 코로나 시대에 공급망 관리^{SCM}의 중요성은 더욱 부상하고 있다. 팬데믹 사태로 인해 국가 간 이동 통제로 세계적으로 동시다발적인 제조업 마비 현상이 발생했기 때문이다. 위기에 대비해 SCM 시스템을 갖춘 기업은 코로나19 사태 속에서도 이점을 누렸지만, 그렇지 못한 기업은 손실을 고스란히 떠안아야 했다.

  출판문화원도 예외는 아니었다. 대학교가 온라인 수업 체제로 돌입한 후 내부적으로 온라인 수업 준비에 필요한 기자재의 수요가 급속도로 늘어났다. 이는 비단 대학교뿐만 아니라 전국의 초, 중, 고등학교에서도 온라인 수업 체제로 전환하면서 해당 제품들은 마스크 사태와 같은 품귀현상을 초래했다. 대부분의 IT 제조업체가 중국에 거점을 두고 있었고, 중국이 코로나로 지역 봉쇄를 강행하면서 제조업체의 공장이 운영을 중단하게 되었다. 이로 인해 국내 재고량이 수요 대비 턱없이 부족하였기에 가격마저 천정부지로 상승하게 되었다. 이로 인해 소비자들은 원하는 가격과 상품을 제때 공급받기 어려워지게 되었고, 결국 상품을 확보하지 못한 공급사는 매출 하락으로 이어져 SCM 부재로 인한 실패를 맛보아야 했다.

이에 따라 출판문화원은 앞으로 코로나 사태가 장기화될 것을 대비하여 교내 웨어하우스를 구축하여 상시로 필요한 물품과 시기적으로 대량 구매가 요구되는 상품을 파악하여 미리 구축해 놓음으로써 가격과 서비스 모두를 만족시킬 수 있도록 준비하였고, 그것이 바로 이번에 런칭한 '구매·배송 119서비스'이다. 이것은 시작에 불과하고 진정한 SCM을 위해서는 끊임없이 소비자와 공급자들 간의 소통과 개선을 통해 서비스 고도화를 시켜야 하는 숙제가 있다. 이것이 출판문화원의 향후 성공을 결정짓는 핵심이라고 본다.

■ '대학 및 공기업 MRO 사업 확대를 위한 핵심 기관으로 도약'

국내 최초로 대학 MRO 사업을 도입했으며, 현실에 안주하지 않는 자세로 노력한 결과 도입 3년 만에 국내 대학 유일 물류 혁신 서비스라는 성과까지 만들어냈다. 이러한 성과는 비단 인천대학교와 출판문화원만의 성과로 자축하며 끝내서는 결코 안 될 것이다. 기존에 겪었던 수많은 시행착오와 개선 노력들, 유관 부서와 협력하며 도출해낸 값진 성과들, 파트너사 선정부터 협력해온 과정들을 인천대학교와 출판문화원만 공유하는 것이 아닌 우리나라의 대학과 공공기관에 널리 전파함으로써 대학과 공공기관들의 업무 효율성 향상에도 이바지할 것이다. 인천대학교의 MRO 사업이 점차 확대되고 안정화되면서 타 대학 및 지자체(서구시설관리공단)에서 방문하여 이미 벤치마킹하는 등 이러한 사업을 채택하는 기관이 점차 확산되고 있다. 서울대학교에서도 2019년 6월 MRO 사업을 도입해 이미 운영 중이며, 같은 해 11월에는 충남대에서도 MRO 사업이 시작되었다.

현재는 2개의 대학, 1개의 공공기관에 머물러 있지만, 앞으로는 전국적인 규모로 확대해 나갈 수 있을 것이다. 이를 위해서는 현재 추진 중인 '인천대학교의 구매입찰 자동화시스템 고도화'가 차질 없이 완성되어야 하며, 최근 런칭한 '출판문화원의 구매·배송 119서비스'가 성공적으로 안착되어야 한다. 인천대학교 한 학교에만 국한된 사안이 아닌 우리나라의 모든 대학 및 공공기관과 연관된 일이라고 생각하면 더 큰 사명감을 느끼게 한다.

■ '소비자 중심의 서비스 고도화'

학교 MRO 사업의 성패는 결국 교직원들의 니즈를 얼마나 정확히 파악하고 업무에 반영하는지 여부에 달려 있다. 국내 최대 규모의 소셜커머스가 선보인 '로켓배송'은 소비자들의 편의에 초점을 맞춘 대표적 사례이다. 이번에 런칭한 '구매·배송 119서비스' 역시 빠른 배송을 원하는 교직원들의 니즈를 반영해 문 앞까지 당일 배송해 주는 서비스를 진행하고 있다. 출판문화원은 물론 파트너사인 ㈜인터파크비즈마켓, 물품을 공급하는 협력사 모두 안정적인 MRO 사업을 위해서는 무엇보다 구매자의 피드백에 귀 기울이고, 부족한 부분은 끊임없이 보완하는 자세가 필요할 것이다.

출판문화원의 최초 설립 목적은 인천대학교에서 소요되는 출판 및 도서

등을 제작, 공급, 유통하는 영업이었다. 하지만, 점차 MRO 사업에 대한 비중이 확대되었고, 전체 매출 구성비 중 83%를 차지할 만큼 MRO 사업의 중요성이 크게 증가했다. 이러한 변화는 교직원들이 MRO 부문에 대한 관심 및 수요 증가로 인해 자연스럽게 확장된 것으로 현재도 교직원들의 기대에 부응하고자 최선을 다해 노력 중이다.

2019년 11월 출판문화원 정유진 원장이 대표이사로 취임하기 전까지만 해도 취급 물품 가격이 비싸 교내 소비자들로부터 많은 클레임이 제기되었다. 평소 정유진 원장은 '소비자 중심 경영'이라는 핵심 가치를 늘 강조해 왔기에 취임 후 기존 출판문화원 이익률 10%를 3% 이하로 대폭 낮추면서 교직원들이 만족할 만한 가격을 제시했다. 해당 조치가 원동력이 되어 이후 출판문화원 MRO 사업은 크게 확대되었고, 소비자 기대에 부응하고자 시스템을 개선하며 성장하게 된 결정적 계기가 되었다. 하지만, 이러한 조치는 코로나 사태와 함께 교내 구매입찰 자동화시스템 구축에 따른 경쟁체제 돌입이라는 리스크를 한꺼번에 받으면서 수익성 악화로 이어지게 된 요인으로 작용했으나 학교 전체 비용 절감이라는 성과를 창출하고 기여했다는 점에서 큰 의미가 있다.

그럼에도 장기적인 측면에서 출판문화원이 MRO 사업의 컨트롤 타워로서 제 역할에 충실하기 위해서는 운영에 필요한 마진 확보가 필요하다. 소비자의 니즈를 업무에 철저히 반영하면서 부가 수익 창출로 출판문화원을 보다 내실 있게 운영할 방안을 지속 검토 중이며, 앞으로도 해결해야 할 과제가 될 것이다.

'소비자 중심 경영'이라는 경영 철학을 중심에 두고 있는 정유진 원장은 소비자의 관점에서 생각하고, 행동하며, 개선해 나갈 때 매출과 이익 두 마리 토끼를 반드시 잡을 수 있으리라 확신한다.

  국내 대학 최초로 MRO 서비스를 도입한 것에 만족하지 않고, 국내 대학 유일 물류 혁신 서비스를 제공하며 '최초에서 최고'라는 평을 듣게 되었다. 하지만, 앞으로 개선해야 할 사항과 넘어야 할 산이 많다는 생각을 하고 있기에 결코 자만해서는 안 될 것이다. 또한, 전국의 대학과 공기업에 MRO 사업을 널리 전파함으로써 효율성 강화에 기여한다는 비전 역시 지금보다 더 분발해야 할 이유가 될 것이다.

사례작성자 정유진
혁신사례 실행을 위해 참여한 구성원 김용식, 김창희, 나연중, 양운근, 임승빈, 조동성, 조명순

문서의 한글, 영문 병기로
대학의 글로벌 경쟁력 강화

#행정의 혁신 #국내 최초

글로벌 시대를 선도한다

우리나라 속담에 "우물 안 개구리"라는 말이 있다. 넓은 세상을 알지 못하고 좁은 우물과 작게 보이는 하늘이 전부인 줄 알고 산다는 말이다. 즉 세상은 배우면 배울수록, 알면 알수록 더 넓다는 말로 내가 알고 있는 것이 전부라고 착각하지 말고 열린 마음으로 더 넓은 세상을 경험하라는 뜻으로 많이 쓰이고 있다.

또한, 미국의 소설가인 리처드 바크의 〈갈매기의 꿈〉에 "가장 높이 나는 새가 가장 멀리 본다."라는 글이 있는데, 좁고 가까운 데 보다는 넓고 멀리 보라는 의미로 해석된다.

조동성 총장은 취임 후 국내가 아닌 세계 100대 대학 진입 기반 조성과 인천대학교의 글로벌 경쟁력 향상 차원에서 영어 및 중국어 공용화를 추진하여 외국어 사용 환경을 개선하는 한편, 날로 증가하는 외국어 행정 서비스 수요에 선제적으로 대응하고자 모든 문서에 한글, 영문, 중문을 병기할 것을 주문했다. 공문서뿐만 아니라, 홈페이지 개선, 캠퍼스 내 안내판 변경 등 모든 학내 시설물이 해당된다.

그러나, 이러한 주문사항은 초기 구성원들에게 큰 호응을 얻지 못했다. 거꾸로 총장에 대한 불신만 커졌다. 무슨 공문서에 영문, 중문을 병기하라는 말인지, 행정력 낭비라고 하면서 구성원들의 불만은 고조됐다.

이전까지만 해도 대학(원) 입시와 관련하여 외국인 입학생을 위한 입학 모집요강을 한글, 영문, 중문으로 작성하여 사용하고 있을 뿐 그 어떠한 문서에도 불가피한 경우를 제외하고는 영문과 중문을 병행한 경우는 없었다. 다만, 정확한 뜻을 전달하기 위하여 정부의 공문서 작성 방법에 의하여 일부 문서에 영문을 괄호 안에 표기하기도 했다.

구성원들이 한글, 영문, 중문 병기에 반발하자 조동성 총장은 한발 물러섰다. 중문을 뺀 한글과 영문으로만 병행하되, 총장 결재 건에 한하여 실시하라는 것이다.

한글과 영문을 병기하여 문서를 작성하기는 쉽지 않았다. 먼저, 한글로 문서를 작성한 후 인터넷 등을 활용하여 영문으로 번역하는 방식으로 진행되었다. 요즘음 새로 입사한 신입직원 선생님들은 영어에 능통하여 쉽게 번역할 수 있었으나, 영어를 사용한 지 오래된 중견 직원 선생님들은 영문으로 번역된 언어가 맞는 것인지 다시 한번 확인하는 등 시간이 오래 걸리기도

했다.

또 다른 방법으로 영문을 번역하는 직원도 있었다. 한글로 문서를 작성하여 집으로 가져가서 고등학생 자녀에게 영문으로 번역을 시켰으며, 번역에 따른 번역비는 용돈으로 대신하여 지급한 것이다. 영문 번역, 자녀 영어공부, 자녀 용돈 지급으로 1석 3조의 효과를 얻는 해프닝을 연출하기도 했다.

시행 초기에 반대하던 직원들도 이제는 영문 병기가 자연스러워졌다고 한다. 공문서를 영문으로 번역하면서 그동안 소홀히 했던 영어공부를 조금씩 시작했기 때문이다. 인력개발팀 문광선 선생님은 "처음에는 영문으로 번역하는 시간이 오래 걸려 힘들기도 했지만, 영문으로 번역하면서 그 동안 소홀히 했던 영어공부를 자연스럽게 하게 되었습니다. 오래 걸리는 단점도 있지만, 영어공부가 된다는 장점도 있기 때문에 개인적으로는 도움이 많이 됩니다."라고 말했다.

이러한 직원 선생님들의 공문서 영문 병기에 조금이나마 도움을 주고자 인력개발팀에서는 인천대에 맞는 행정영어 매뉴얼을 담은 『INU 행정영어』 책자 발간을 준비하고 있다. 이 책자에는 대학조직 명칭, 학사업무, 행정에 많이 쓰이는 용어 등을 정립할 예정이다. 이를 위하여 INU 행정영어 책자 제작 TF팀을 구성하여 운영하고 있다. TF팀 구성은 영어 실무능력이 우수하고 영어에 관심이 많은 신입직원으로 구성했다. 본 책자가 발간되면 공문서의 영문 병기에 많은 도움을 줄 것으로 예상하고 있다.

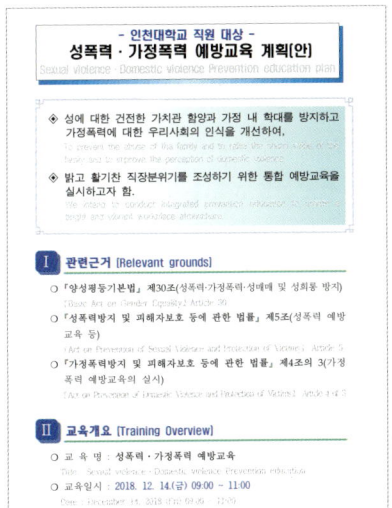
그림 1 영문 병기 공문서

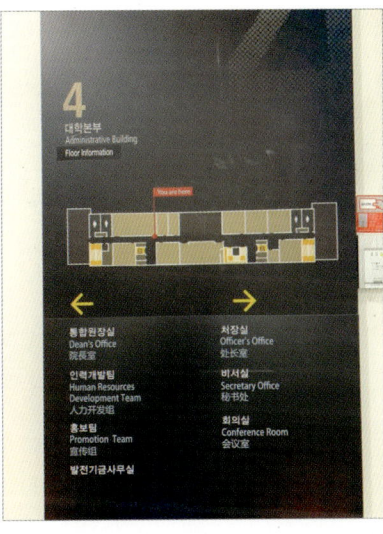
그림 2 한글·영문·중문으로 표기된 안내표지판

대학 학령인구 저하로 대학의 환경이 고성장기에서 저성장기로 빠르게 전환되고 있으며, 급변하는 교육환경에 선제적으로 대응하기 위하여 인천대학교에서는 직원 선생님들의 글로벌 역량 강화와 세계 100대 대학 진입 기반 조성을 위한 초일류 행정 전문가 육성을 위하여 부단히 노력하고 있다. 이러한 노력은 결과적으로 인천대학교가 글로벌 대학으로 도약하는 계기가 될 것이다.

사례작성자 김주일
혁신사례 실행을 위해 참여한 구성원 문광선

글로벌아시아 · 창업 · IT 도서관 건립

#상징의 혁신 #국내 최초

지식, 정보 그리고 우리 민족의 역사와 기록을 담는 도서관!

도서관은 상징이다. 대학은 연구의 산실이고, 교육의 전당이며, 대학의 문화이다. 도서관은 대학 그 자체이다. 그러기에 도서관은 모든 것이 응축되어 있는 대학의 상징이다. 하버드대학에 가보면 대학 중심점에 와이드너 도서관Widner Library이 있다. 학생이 한 지점에서 다른 지점으로 갈 때 도서관을 지나치지 않을 수 없게 만들어놓았다. 인천대에도 대부분의 학생이 가장 많은 시간을 보내는 학산도서관이 있고, 2020년 드디어 제2도서관에 해당하는 글로벌아시아 · 창업 · IT도서관 건축을 시작한다.

인도의 유명한 도서관 학자 랑가나단S. R. Ranganathan은 '도서관학 5 법칙'[1]에서 "도서관은 성장하는 유기체"(제5 법칙)라고 했다. 전 세계 도서관인들 사이에서 제5 법칙은 '지식과 정보의 보고로서의 도서관은, 그 도서관이 속한 母기관과 그 시대를 담는 그릇으로 끊임없이 변화 · 발전을 추구해야 한다.'라는 의미로 해석되어 왔다.

1979년 개교한 인천대학교는 지난 40년 동안 운영 주체의 다양한 변화에도 학생들의 학습과 교양, 교수들의 연구와 교육지원을 위해 개교와 동시에 대학의 중심기관으로 학산도서관이라고 부르는 대학도서관[2]을 개관 · 운영했다. 특히 2009년 송도캠퍼스로의 이전과 함께 도서관 서비스를 Library 2.0 서비스에 맞춰 업그레이드하고, 모든 시설을 자동화하여 이용자 편의와 정보의 최신성을 유지 · 제공했다. 하지만 인천전문대학과의 통합으로 대학구성원의 수가 증가하고 대학에서 연구와 교육을 모두 중요시하게 되면서 도서관 이용자(학생, 교수, 직원)의 요구에 맞는 도서관으로의 리모델링과 증축이 요구되었다.

정보환경의 변화에 따른 도서관 이용자의 요구

2017년 2월 21일부터 7일간 실시한 설문조사[3]에 따르면 '현재 학산도서관 공간별 만족도'는 자료실, 연속간행물실이 가장 만족스러운 공간으로 나

---

1 제1 법칙: 책은 이용하기 위한 것이다(Books are for use). 제2 법칙: 책은 모든 사람을 위한 것이다(Every reader his or her book). 제3 법칙: 모든 책은 독자에게로(Every book its reader). 제4 법칙: 독자의 시간을 절약하라 (Save the time of the reader). 제5 법칙: 도서관은 성장하는 유기체다(The library is a growing organism).
2 대학도서관진흥법 제6조(도서관의 설치 · 운영) ① 대학의 설립자 · 경영자는 대학에 대학도서관을 설치하여야 한다.
3 「IT도서관 건립 기본계획안 수립 및 타당성 조사연구」 보고서 / 소요도시 건축사사무소:서울시립대학교 산학협력단, 2017.4. pp.43~51.

타났고, 자유열람실과 매점 및 휴게실이 불만족스러운 공간으로 나타났다. 더불어 도서관 증축 시 이용자들은 "다양한 열람 공간 확충"을 가장 중요한 콘텐츠로 요청했다.

항목	응답수	비율
다양한 열람 공간 확충	1,058	56.7%
열람 자료의 확충	300	16.1%
IT기반의 자료 열람 시스템 구축	223	12.0%
기존 도서관과의 연계	114	6.1%
연구지원 및 교류 공간 확충	111	5.9%
기타	60	3.2%
합계	1,866	100%

표 1 도서관 이용 시 가장 중요한 콘텐츠[4]

설문조사 결과에 따르면 도서관 이용자들은 기존의 획일적인 도서관 공간을 다양한 형태의 정보공유공간(Information Commons, Learning Commons 등)과 디지털화 및 이용자 중심의 정보서비스를 구현할 수 있는 학습공유공간으로의 변화를 요구하고 있었다.

＊정보공유공간: 통합된 디지털 환경에서 연구공간과 서비스 제공을 위해 고안된 새로운 형태의 물리적 시설 또는 도서관의 정보와 인력을 바탕으로 참고 서비스와 정보기술을 결합하여 이용자들의 연구와 학습을 지원하는 통합 이용자 서비스 공간으로 인적 요소 및 서비스와 함께 물리적 요소인

---

[4] 「IT도서관 건립 기본계획안 수립 및 타당성 조사연구」 보고서 / 소요도시 건축사사무소:서울시립대학교 산학협력단, 2017.4, p.49

공간[5]에 의미를 부여한 것

법정 기준 미충족

또한, 2010년 인천전문대와의 통합에 따른 편제정원 증가로 교육부 법정 열람석 보유기준(편제정원의 20%)에 적합한 도서관 열람석 확보와 재학생 1인당 면적이 0.8㎡로 교육부 법정면적 보유기준 1.2㎡에 크게 미달하여 장서 수장 공간 및 열람실과 학습공간이 전면적으로 부족한 상황이었다.

정보환경의 변화에 따른 도서관 이용자의 요구, 학산도서관의 법정 기준 미충족, 그리고 2016년 7월 조동성 총장 취임 이후 대학운영진의 학교발전 수립계획에 맞추어 향후 학생정원 확대에 대비한 적정 규모의 도서관 공간 확보 및 학습여건 구축은 제2도서관 건립에 박차를 가하게 되었다.

조동성 총장은 국립 인천대학교 총장으로 취임과 동시에 2016년 교육부에 예산지원을 신청했고, 2018년 2월 사업비 20억을 편성 받아 도서관 건립을 위한 실질적인 행정절차가 시작되었다.

사업명	글로벌아시아·창업·IT 도서관 건립
대지위치	연수구 송도동 12-1(송도캠퍼스 도서관 전면부지 일원)
사업면적	기존: 72,788.95 / 증축: 1개동 6,800㎡ 범위 내
사업기간	2019년 ~ 2021년
사업비	190억원 (국비 70%, 교비 30% 활용)

표 2 글로벌 아시아·창업·IT도서관 건립 일반개요

---

[5] 정재영(2007), "대학도서관의 Information commons(정보공유공간) 도입에 관한 연구", 한국도서관·정보학회지(제38권, 제1호7), p.70

학술정보팀에서는 "IT도서관 건립 기본계획안 수립 및 타당성 조사 연구 용역"(2017. 1. 6~ 2017. 4. 16)을 수행하고, 최적의 입지 선정을 위해 「제2 도서관 건립 입지선정위원회」를 구성하고 총 2차례 회의를 진행했다.

일시	입지선정 결과
(1차) 2018. 9. 11.(목) 14:00~16:00	도서관 지하 출입구 앞쪽 부지
(2차) 2018. 10. 11.(목) 14:00~15:30	

표 3 제2도서관 건립 입지선정위원회 개최

제2도서관 건립 입지선정위원회는 기존 학산도서관과의 물리적 연동 등을 고려하여 총 3개의 부지안 중 도서관 지하 출입구 앞쪽 부지를 선정했다.

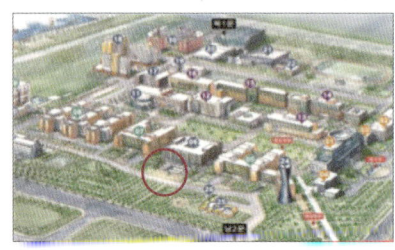 

그림 1 제2도서관 건립 입지선정위원회를 통해 선정된 도서관 지하 출입구 앞쪽 부지

제2도서관 건립에 있어 조동성 총장은 도서관 건축을 하드웨어 설비가 아닌 콘텐츠 설비와 그 콘텐츠를 어떻게 공간으로 표현할 것인가를 먼저 만들고, 그다음은 건축가에게 맡겨 구체적으로 현물로 설계하고자 했다. 더불어 건축물로서의 도서관이 아니라 세계 최초의 imbedded library architecture 형태의 도서관 건립을 위해 도서관에서 근무하는 사서 선생님을 시설과로 인사발령을 내고 도서관 현장의 소리를 직접 반영할 수 있도

록 했다.

  따라서 시설과에서는 건축물의 실제 사용자인 사서 선생님의 의견을 반영하여, 기존의 도서관 건축과 차별화된 세계 최초의 imbedded library architecture 형태의 글로벌 아시아 도서관 건립 콘텐츠 구상을 위해 각 분야 전문가가 참여하는 TF팀을 구성하여 총 5차례 회의를 개최했다. 건물을 설립하기 위한 TF팀의 총괄팀장은 건축 전공 교수가 맡는 것이 보통이지만, 이번 TF팀은 인문대 교수가 맡았다. 조동성 총장에 의하면 "총괄팀장으로 선임된 중어중국학과 안치영 교수는 인문학적 성격을 가진 중국학과 사회과학적 성격을 가진 정치학을 통합한 중국 정치학 전공으로 글로벌 아시아라는 주제를 중심점에 둔 도서관을 설계하는 데 최적의 리더"였다. TF의 구성원은 17명으로 이 중 도서관의 기술적 면을 담당하는 구성원이 3명인 반면, 이 도서관에서 다룰 학문적 컨셉트를 담당하는 구성원은 8명이었다. TF팀의 구성원과 그들의 담당영역은 〈표 4〉와 〈표 5〉에 나타나 있다.

연번	성명	현직		비고
		소속	직(위)급	
1	안치영	중어중국학과	교수	총괄
2	허진	기획예산처	처장	재정분야
3	김경집	사무처	처장	건설분야
4	옥우석	연구처	처장	컨셉트
5	송상화	성가평가원	원장	컨셉트
6	여운호	학술정보팀	도서관장	기술자문
7	양운근	(재)인천대학교 발전기금	상임이사	재정분야
8	박제훈	동북아국제통상학부	교수	컨셉트
9	이찬근	무역학부	교수	컨셉트

10	송원용	국어국문학과	교수	컨셉트
11	김진호	도시건축학부	조교수	기술자문
12	왕린	문헌정보학과	조교수	컨셉트
13	남상욱	일어일문학과	조교수	컨셉트
14	최용식	21세기 경제학연구소	소장	컨셉트
15	임승빈	기획예산과	과장	재정분야
16	김광열	시설과	과장	건설분야
17	손하연	시설과	캠퍼스기획파트장	건설분야
18	정주연	학술정보팀 (시설과 지원근무)	행정관	실무분야

표 4 글로벌 아시아 도서관 콘텐츠 구상 TF팀

일 시	TF팀 회의 결과
(1차) 2019. 1. 4.(금) 14:00~15:30	1. 비전 동아시아 발전 모델 연구 플랫폼으로서 도서관 2. 목표 아시아 연구에 특화된 전문적인 연구지원 도서관 3. 컨셉트 - 연구기반으로서의 신개념 도서관 - ICT기반 R&D플랫폼으로서의 도서관 구축
(2차) 2019. 1. 17.(목) 15:00~16:10	
(3차) 2019. 1. 24.(목) 15:00~17:00	
(4차) 2019. 1. 31.(목) 15:00~17:00	
(5차) 2019. 2. 21.(목) 16:00~17:00	

표 5 글로벌 아시아 도서관 콘텐츠 구상 TF팀 회의 개최

글로벌 아시아 도서관 콘텐츠 구상 TF팀 회의를 통해 글로벌 아시아·창업·IT도서관은 연구기반의 신개념 도서관, ICT 기반 R&D 플랫폼으로서의 도서관 구축을 컨셉트로 결정했다. 그리고 이러한 컨셉트를 반영하여 다음과 같이 공간구성(안)을 마련했다.

구분	실명	건축면적(㎡)				비고	비율(%)
		단위면적	실수	순면적	단위모듈		
글로벌 아시아 스터디 Zone	캐럴 Zone	1,900	1	1,900		개인 캐럴(폐쇄형)	36.37
	QR(Quite Room) Zone		3			개인 열람석(한 방향 열람석, 노트북 이용석, 1인 좌석, 2인 좌석 등)	
	CR(Collaboative Reading) Zone		2			스터디 룸(폐쇄형)	
	RL(Reading Lounge) Zone		1			스터디 가든(오픈형 스터디 룸)	
글로벌 아시아 인프라 Zone	사무실	126	1	126	15×8.4		5.63
	경비실	13	1	13		송도캠퍼스 12.67㎡	
	복사실	22	1	22		송도캠퍼스 21.74㎡	
	미화원실	13	1	13		송도캠퍼스 12.67㎡	
	아카이브 공간	120	1	120		패컬티 라운지 & 메모리얼 홀	
글로벌 아시아 연구원	사무실	60.84	1	60.84	7.8×7.8	6인(탕비실 포함)	2.31
	회의실(세미나실)	30	1	30		10인(소형)	
	화상회의실	30	1	30		10인(원격회의실, 공유형)	
글로벌 아시아 아카이브	공용자료실	130	1	130		글로벌 아시아 자료실	4.8
	휴게, 열람공간	120	1	120		휴게, 열람(28인)	
글로벌 아시아 큐레이션 Zone	큐레이션형 자료 공간	20	7	140			18
	공동 열람 공간	90	7	630			
	개인 연구 공간	6	28	168		1실 6㎡ (캐럴)	

글로벌 아시아 R&D 플랫폼	ICT 개발자 홀	600	1	600		송도캠퍼스 332㎡ (94인)	27.96
	영상자료실	60.84	1	60.84	7.8 × 7.8	송도캠퍼스 43.84㎡	
	ICT 미디어랩	80	2	160		10인	
	스튜디오(편집 등)	220	1	220		송도캠퍼스 220㎡	
	ICT 창업 garage	30	8	240		8인용	
	창업 컨설팅 부스	18	10	180		4인용	
글로벌 아시아 E&C홀	E&C홀 1	190	1	190		국제회의, 전시실 등 (120인)	4.93
	E&C홀 2	70	1	70		국제회의, 소극장 등 (30인)	
	합 계			5,223.68		100	
기타	공유면적 (순 면적의 30%)			1,576.32		홀, 복도, 전기·기계실, EPS, TPS실 화장실 등	
	총 계			6,800			

표 6 글로벌 아시아 · 창업 · IT도서관 공간구성(안)

 도서관 건립을 위해 각 분야 전문가들과 일련의 과정에 참여한 정주연 사서 선생님은 제2도서관의 컨셉트를 결정하고, 그에 따른 공간구성(안)을 작성하여 설계에 직접 반영하는 일련의 시간을 다음과 같이 회고했다.

 "개인적으로 공직생활 23년 동안 이번이 4번째 도서관 개관 준비였습니다. 하지만 도서관 개관 준비작업의 컨셉트를 잡는 것부터 사서 선생님이 직접 참여하시는 것은 처음입니다. 항상 건물이 지어진 후에 사서 선생님이 투입되어 그 안에 무엇을 채울지에 대해서만 고민했었어요. 도서관 건축에 있어서 현장의 사서 선생님들과 문헌정보학계에서는 도서관 지을 때, 컨셉트 구상부터 사서 선생님이 직접 참여해야 한다는 것을 주장해왔습니다. 1년 전 개인적으로는 사서로 입사하여 처음으로 도서관을 떠나게 되었다는 마음으로 힘들게 시설과에 와서 일을 시작했지만, 정말 많이 배우고 깨닫는 시간이었습니다. 이제 실시설계 중이라 분야별 감독관님들 설계자분들과 매주 회의를 통해 디테일한 부분까지도 사서의 눈으로 채우려 하고 있습니다. 동시에 마음 한켠으로는 도서관 개관을 준비하며 건물 안에 채워야 할 비품과 집기들… 무엇보다 '동아시아연구 플랫폼으로서의 도서관' 서비스에 대한 고민이 큽니다. 도서관 개관과 동시에 준비된 서비스가 제공되어야 하니까요. 글로벌 아시아 큐레이션 Zone은 도서관계에서도 처음 도입하는 거라 기대도 설렘도 두려움도 생깁니다. 마지막 순간까지 인천대 구성원 모두에게 질적 양적으로 맞춤형 서비스를 제공하는 사서이자 전문가로 마무리 할 수 있도록 하겠습니다."

컨셉트 결정 이후 건설기술심의위원회를 통해 과업지시서를 심의(수정가결)하고, 조달청을 통해 2019년 5월 17일 건축설계공모(일반) 입찰공고를 했다. 조달청 공고 이후 글로벌 아시아·창업·IT도서관 건립을 다음과 같이 추진하고 있다.

일자	추진과정
2015. 03. 18	제2도서관 신축계획 보고(최초 방침)
2016. 07.	교육부 예산 지원신청
2017. 01. ~ 04.	IT도서관 건립 기본계획안 수립 및 타당성 조사연구(소요도시 건축사사무소)
2018. 02.	사업비 20억 편성(국비)
2018. 09.13/10.11	글로벌 아시아·창업·IT도서관 건립 입지선정위원회(2차례)
2019. 01. ~ 02.	글로벌 아시아·창업·IT도서관 콘텐츠 구상 TF팀 회의(5차례)
2019. 03. 29	건설기술심의위원회 심의(수정가결)
2019. 04. 17	설계용역(조달청 계약의뢰)
2019. 05. 17	건축설계공모(일반) 입찰공고(조달청)

2019. 07. 18	공모심사(대전 조달본청) 설계공모 결과(당선작): (주)엄앤드이 종합건축사 사무소
2019. 08. 14	설계착수 회의(건축, 도시계획, 교통, 환경, BF, 녹색건축 등)
2019. 10. 11	경관심의(경제자유구역청)
2019. 10. 29	설계자문위원회 개최(실시설계중간보고회)
2019. 09. ~ 2020. 01.	기본설계, 중간설계 및 실시설계, 인·허가 및 각종 인증신청, 건축허가 등
2020. 2. 14	설계 VE용역 VE워크샵 개최(최종)
2020. 2월중	건설기술심의위원회(예정)
2020. 4 ~ 2021. 9	건립공사 및 준공(예정)

표 7 글로벌 아시아 · 창업 · IT도서관 건립 추진 과정

이러한 일련의 과정들을 살펴보면, 글로벌 아시아 · 창업 · IT도서관 건립을 위한 공간구성이 단순히 도서관 하나만을 세우는 것이 아니라 인천대학교만의 엄청난 미래의 역사를 만드는 출발점으로 시작되었음을 알 수 있다. 이것은 인천대학교 구성원들의 혁신적이고 차별화된 뜻을 구현한 것이다. 이 정신이 유지되어 2021년 9월 도서관이 완공되어 운영될 때 누가 봐도 다른 곳과 비슷한 도서관이 아닌 세계를 향해 뻗어 나가 세계의 학자들과 소통해나가는 대학 심장으로서의 도서관, 끊임없이 자라나는 유기체로 변화 · 발전하는 도서관으로 자리 잡을 것을 기대하고 있다.

사례작성자 정주연
혁신사례 실행을 위해 참여한 구성원 김경집, 김광열, 김진호, 남상욱, 박제훈, 손하연, 송상화, 송원용, 안치영, 양운근, 여운호, 옥우석, 왕린, 이찬근, 임승빈, 조동성, 최용식, 허진